No es casual, es el poder del ritual

No es casual, es el poder del ritual

Recupera la conexión en la era de la máxima distracción y eleva tu poder personal

GEMMA FILLOL

CONECTA

Los libros de Conecta están disponibles para promociones y compras
por parte de empresas, con condiciones particulares para grandes cantidades.
Existe también la posibilidad de crear ediciones especiales, incluidas con
cubierta personalizada y logotipos corporativos, para determinadas ocasiones.

Para más información, póngase en contacto con:
edicionesespeciales@penguinrandomhouse.com

Papel certificado por el Forest Stewardship Council®

Primera edición: marzo de 2025

© 2025, Gemma Fillol
© 2025, Penguin Random House Grupo Editorial, S. A. U.
Travessera de Gràcia, 47-49. 08021 Barcelona
Diseño editorial y grafismo, Clara Buschiazzo
Fotografía, Lara López
Fotografía de la p. 354, Cristina Cairó

Penguin Random House Grupo Editorial apoya la protección de la propiedad intelectual. La propiedad intelectual estimula la creatividad, defiende la diversidad en el ámbito de las ideas y el conocimiento, promueve la libre expresión y favorece una cultura viva. Gracias por comprar una edición autorizada de este libro y por respetar las leyes de propiedad intelectual al no reproducir ni distribuir ninguna parte de esta obra por ningún medio sin permiso. Al hacerlo está respaldando a los autores y permitiendo que PRHGE continúe publicando libros para todos los lectores. De conformidad con lo dispuesto en el artículo 67.3 del Real Decreto Ley 24/2021, de 2 de noviembre, PRHGE se reserva expresamente los derechos de reproducción y de uso de esta obra y de todos sus elementos mediante medios de lectura mecánica y otros medios adecuados a tal fin. Diríjase a CEDRO (Centro Español de Derechos Reprográficos, http://www.cedro.org) si necesita reproducir algún fragmento de esta obra.
En caso de necesidad, contacte con: seguridadproductos@penguinrandomhouse.com

Printed in Spain – Impreso en España

ISBN: 978-84-18053-44-3
Depósito legal: B-638-2025

Compuesto en M. I. Maquetación, S. L.

Impreso en Gómez Aparicio, S. L.
Casarrubuelos (Madrid)

CN 5 3 4 4 3

*A las personas que creen en la magia
y a las que la crean a diario*

A Jan, siempre

ÍNDICE

1. Somos animales (de rituales) 12
   Mi historia de desconexión personal 21
   Mi promesa: ritualiza y vencerás 28

2. Bienvenida a la era de la distracción 42
   De la economía de la atención a la era de la máxima
   distracción 48
   ¿Conectada o desconectada? Consecuencias de la era
   de la hiperconectividad 53
   El ritual, el antídoto a las interferencias 63
   Tu energía es sagrada: de la inercia a la intención 65
   Prácticas para un détox digital exprés y recuperar
   tu soberanía tecnológica 71

3. No necesitas más hábitos, necesitas más rituales 76
   Hábito, rutina y ritual no son sinónimos 81
   La neurociencia del ritual: ABC 95
   Porque tu cerebro adora los rituales 107

4. Sé una rebelde con pausa 122
   Apaga el wifi, enciende el mifi 126
   Las líderes del presente son alquimistas 142
   Daenerys Targaryen, madre de dragones y de rituales ... 163

5. Anatomía de un ritual esencial 174
   Si el ritual tuviera un manifiesto, podría ser este 177
   Diseña rituales que transforman 180
   Elementos y estructura de un ritual esencial 199
   ¿Simple o supersimple? 209

6. **Ritualx: dime cómo te quieres sentir y te diré qué ritual necesitas** 218
   Rituales (tú) 223
   Cómprate flores 224
   Integración 225
   Intuición 234
   Imaginación 242
   Adaptación 251
   Decisión 257
   Más ideas para tus rituales esenciales 265

   Rituales (tribu) 267
   Del tú a la tribu: los rituales en la empresa 269
   Inspiración 277
   Conversación 286
   Relación 294
   Cooperación 302
   Celebración 309

7. **RITUALAB: laboratorio para diseñar y liderar tus propios rituales de marca** 318
   Las tres dimensiones de RITUALAB 325
   Ejemplos de rituales en las empresas 340
   Ficha RITUALAB 352

8. **Manifiesto de una rebelde con pausa** 356

Material adicional 369
Agradecida y emocionada 371

Este libro lo ha escrito en femenino una mujer que pone su conocimiento y experiencia al servicio de las personas, sean del género que sean. En el mundo del marketing, la marca, los negocios, etc., la gran mayoría de los textos todavía están escritos en masculino. Mi propósito es dar visibilidad a la existencia de una perspectiva femenina en los negocios y en la vida, y tomar conciencia de ello. Gracias por tu comprensión.

01

SOMOS ANIMALES
(de rituales)

En este capítulo me han acompañado...
ROAD TO SELF | AISHA BADRU
CÓRRER PELS CAMPS | OQUES GRASSES
PAUSA | IZAL

A finales de 2022 me quemé y fue toda una sorpresa.

Como mujer emprendedora, mentora, docente, conferenciante, autora, consultora y madre a tiempo completo, extenuarme no entraba en mis planes, ni tampoco en mi agenda, ni mucho menos en mi imaginario.

Soy una persona optimista, enérgica, ambiciosa y disfrutona, por eso no creí posible experimentar un *burnout* haciendo aquello que más me encendía. Ni por asomo.

Pensaba que el agotamiento pasaba factura a personas que trabajaban en entornos altamente competitivos y sutilmente abusivos. Aquellos con estructuras de poder verticalizadas poco empáticas y estáticas. Espacios donde hay barra libre de estrés, de control y de «Esto que todavía no te he acabado de explicar era para ayer». Donde la manipulación emocional llega a ser tan perspicaz que se difumina con el bonus de Navidad. En resumen, donde hay mucho mando y poco liderazgo.

Yo no estaba ahí.

De hecho, yo era la jefa.

Había levantado una pequeña empresa que no iba nada mal si mides el éxito solo a través de parámetros cuantitativos. Y con mi equipo habíamos construido un entorno de confianza, circularidad y responsabilidad compartida, con algún drama puntual y humano incluido.

Y es que no fue el qué sino el cómo lo que convirtió mi ilusión en ceniza.

Ese año evité muchas conversaciones incómodas que tenía que haber verbalizado, eludí decisiones que debía haber tomado antes y, movida por el miedo a no poder sostener económica y energéticamente lo que había edificado con tanta pasión, me centré en accionar para ingresar más.

Hacer, hacer, hacer.

Facturar, facturar, facturar.

Poco tiempo para pensar, poco espacio para sentir.

Trabajaba sin descanso, descansaba como recompensa.

Si liderar una pequeña empresa en este país es un acto de fe, atravesar una pandemia sin reducir equipo, ni cerrar, es casi una heroicidad. Sostener a mi maravilloso equipo de cinco personas era mi prioridad empresarial, y la verdad es que no se me daba mal, pero a ese ritmo no duraría mucho. El traje de Superwoman empezaba a hacerme ampollas difíciles de ignorar.

Un *burnout* llega para advertirte de que te has pasado, de que has superado un límite. Y, al mismo tiempo, es una invitación a reducir el ritmo, a cuidarte más y, sobre todo y lo más relevante para mí, a explorar nuevas maneras de hacer, deshacer y ser. Y de eso va este libro.

Todo el trabajo que hice para recuperar la ilusión y, en especial, la conexión conmigo y con mi entorno lo materialicé a través de prácticas intencionales. Los rituales me sanaron.

Mi intención en estas páginas es ofrecerte una nueva manera de hacer, de crear y de compartir más consciente, amable y sostenible, y proteger así tu conexión contigo misma en la era de la máxima dispersión. Una propuesta para vivir y accionar de forma más humana, más significativa y más alineada a ti en este momento vital, sea el que sea.

Somos los rituales que practicamos y repetimos a diario.

Pequeñas ceremonias de bienestar que nos anclan y dan sentido a nuestra propia existencia e identidad.

Y es que el ritual es una práctica que sitúa el tú en el centro.

EL RITUAL TE PONE EN EL CENTRO

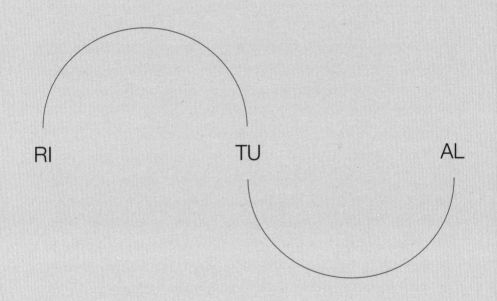

Sentirme tan desconectada de mi naturaleza posibilista, optimista y creadora me hizo reflexionar sobre esos momentos de mi propia existencia en los que me he sentido más plena. Y seguramente no han sido los picos más elevados de felicidad, ni los puntos de inflexión donde el vaso se colmó y de mi rabia salió un «Se acabó». Sino aquellos momentos en los que me he encontrado más conectada a lo que hago y cómo lo hago, y más equilibrada en todas las facetas de mi vida. Ese punto tan complejo de hallar en el que interseccionan armonía y sentido.

No busco una vida zen. Entiéndeme, soy autónoma y empresaria, ya vivo al límite de la incertidumbre. Proyecto en mi imaginario lo que quiero crear, liderar y hasta facturar, y luego creo un plan para materializarlo, aunque no siempre se cumple a rajatabla. Saber gestionar esa inseguridad de forma constante y sostenerla en días oscuros es clave. Tener una buena tesorería también.

Es en esas etapas más armónicas cuando puedo dedicarme a mis proyectos sin prisas, *deadlines* ni expectativas, y me permito el lujo de experimentar e incluso fallar. Cuando hay momentos más ricos en familia porque hay presencia y, sobre todo, paciencia. Y me regalo espacios para nutrir mi músculo creativo, ya sea a través de propuestas culturales, conversaciones, deporte o descanso. Y hasta me permito volver a casa del trabajo andando y coger un nuevo camino, pues no llego tarde. En esos instantes, soy soberana de mi tiempo, y no a la inversa.

Se trata de la antítesis del estilo de vida frenético y acelerado en el que muchas de nosotras estamos atrapadas. Vamos a tal velocidad que la falta de presencia, la ansiedad y hasta el insomnio se han vuelto endémicos. E incluso mientras dormimos, cuando el cuerpo y el cerebro deberían estar recargándose de energía, se encuentran en modo supervivencia. No es alarmismo, mi dentista me dijo lo siguiente mientras me encontraba con la boca abierta babeando y ella examinaba lo que yo pensaba que era una caries. «Gemma, no es una caries, es bruxismo, te lo has hecho tú misma apretando». En un auténtico estado del bienestar, deberían multarnos por autogenerarnos malestar, es antinatural. Con ello, la economía iría mejor y quizá así aprenderíamos.

Pero la vida no se vuelve armónica *per se*, tú la haces armónica.

Beber mi café como si fuera un elixir mientras veo nacer el sol desde la cocina. Mis páginas matutinas, ese ritual de escritura automática que popularizó Julia Cameron para sintonizar la creatividad. Los viernes de sushi y Disney+ en familia. Respirar o bailar antes de hacer algo importante, es decir, algo que va a sobreestimular mi sistema nervioso. Salir a caminar sin destino cuando la ansiedad aflora. Sacar a pasear el amor entre rosas y libros cada 23 de abril, aunque diluvie. Ese momento bañera, vela y aceite de lavanda después de un día agotador. Reunirme con los amigos alrededor de una cebolla y sumergirla en *romesco*. Y hasta la religiosidad, en mi casa, del vermut y la paella de domingo: amén. Son estas mundanas prácticas las que calibran nuestra energía, nos vinculan colectivamente y nos ayudan a crear una vida acorde a quienes somos.

No es casual, es ritual.

Y en su naturaleza existe un poder transformador, generador de bienestar, de sentido y de conexión: contigo y con el mundo.

Un ritual es una experiencia intencional. Un portal a un sentir nuevo. Una vivencia de profundo impacto emocional con una estructura secuencial, única. Su poder alquímico reside en ella, ya que se desprende de la exigencia y expectativa del resultado final y se centra en transitar con presencia para llegar a un nuevo estado emocional.

Es decir, no se trata de la marca de café, ni de la estética de la taza, ni del tiempo que le dedicas, ni siquiera se trata de acabarlo; se trata de cómo te hace sentir esa práctica porque tú le has otorgado un significado que te hace sentirte en casa. Que te hace volver a ti. Y que sientes que el mundo se para.

Y es que un ritual no es el qué, es el cómo.
A menudo, el porqué.
Nunca el qué.
No es el resultado, es el camino.
No es la actividad, es la sensibilidad con que la transitas.
Ni siquiera es la acción, sino la intención intangible que tú le añades a esta.

Lo sé, no te descubro nada nuevo. Los rituales son un concepto ancestral. De hecho, el más antiguo conocido se remonta a hace unos setenta mil años y fue descubierto por Sheila Coulson, antropóloga, arqueóloga e investigadora de la Universidad de Oslo.* En una pequeña cueva en Botsuana, Coulson encontró una pitón pintada y más de trece mil piedras de forma puntiaguda con la punta quemada enterradas.

Cito las palabras de Sheila porque me parecen una hermosa coincidencia: «No quemaron las cabezas de lanza por casualidad. Las llevaron desde cientos de kilómetros de distancia andando y las quemaron de forma intencional. Tiene que representar un ritual», concluye Coulson.

No es casual, es el poder del ritual. Y es brutal cómo estos nos conectan con nuestras necesidades y deseos más profundos, entre nosotras, con la vida, con la muerte, con la naturaleza, con otras culturas; en definitiva, con nuestra existencia. **Y me atrevo a decir que los rituales nos ayudarán en nuestra propia supervivencia, y es que, en la era de la máxima distracción, estar conectada a ti no es una opción: es vital.**

Un ritual solamente se da si:

---

* Yngve Vogt, «World's oldest ritual discovered. Worshipped the python 70,000 years ago», *Apollon*, 1 de febrero de 2012, <https://www.apollon.uio.no/english/articles/2006/python-english.html>.

- Existe una intención nítida y consciente, ya sea una necesidad emocional o un momento puntual.
- Tiene una estructura concreta (un ceremonial) centrada en el propio proceso, en el momento presente y no en el resultado final o en aquello que se obtendrá.
- Es profundamente simbólico y significativo para quien lo realiza y, por tanto, puramente emocional.

Este libro trata de cómo utilicé mi propia ceniza como abono. Y lo comparto contigo para que tú también puedas empezar a sembrar con estos aprendizajes que seguro ya tienes en tu interior y que yo tan solo te despierto.

A través de diferentes prácticas intencionales para conectar con mi cuerpo, con mi creatividad, con mi intuición, con mi imaginación y hasta con mis relaciones y conversaciones, no solamente fui sanando, sino que tomé conciencia del poder del ritual como práctica para generar conexión conmigo misma y con las personas y proyectos que me encienden, y elevar así mi poder personal.

Y es que no sé en qué momento olvidé que somos animales de rituales.

MI HISTORIA DE DESCONEXIÓN PERSONAL

Algunas veces consigues lo que quieres, y otras aprendes lo que necesitas, aunque no seas consciente ni estés de acuerdo con esa lección de vida, por ahora. Ya sea en forma de paciencia, persistencia, humildad, empatía, confianza o coraje. Esos aprendizajes se quedarían en una colleja poética si no traspasaran a la dimensión física, por lo que duelen y duran. Uf.

El año 2020 fue un maratón emocional para todas. La experiencia pandémica nos puso en un contexto nuevo, caótico y retador. Independientemente de las situaciones de cada una, de la gestión emocional personal, familiar y empresarial, todo se estaba poniendo raro, raro, raro.

Conozco a personas para las que el confinamiento fueron unas vacaciones pagadas, un oasis de *mindfulness* y olor a pastel de manzana recién hecho. No fue mi caso. Y eso que acabábamos de mudarnos a una casa más grande —gracias a todas las diosas por darme una terraza en pandemia, todavía pongo velas en vuestro honor—, con un bebé pequeño precioso, enérgico y escurridizo de dos años.

Mi madre se tropezó cruzando la avenida Diagonal, justo la noche antes de que nos encerraran, y se rompió el húmero por todos los sitios posibles. Así que, mientras todas las personas se aislaban para frenar contagios, yo andaba por una Barcelona inhóspita y solitaria de camino a un hospital infectado. Surrealista. No quería exponer a mi padre, ya que era grupo de riesgo. Y necesitaba acompañar a mi madre en ese momento tan bizarro, a lo largo de múltiples operaciones y una recuperación dolorosa tanto por el húmero como por la separación obligada en ese momento tan complejo y extraño.

En otra dimensión del mismo mundo, la digital, se palpaba el miedo y la incertidumbre. De hecho, en mi bandeja de entrada la ansiedad se estaba volviendo incluso más contagiosa que la COVID.

En ese momento yo lideraba EXTRAORDINARIA, una comunidad de emprendimiento femenino y en red con un modelo de negocio basado en las experiencias formativas presenciales. Hacía un mes que habíamos vendido nuestra propuesta pedagógica para todo el año haciendo un *sold out* espectacular. Hasta celebramos la primera experiencia formativa multitudinaria, con muchos abrazos y gel hidroalcohólico, dos semanas antes de que la pandemia arrasara con todo. Por supuesto que se hablaba de la COVID, pero en otros continentes y países; quedaba lejos, o eso nos parecía. La ingenuidad es tan atrevida…

Con la pandemia declarada, las personas que formaban parte del proyecto querían respuestas nítidas: ¿el proyecto se anulaba por la incapacidad de celebrar los eventos presenciales?; ¿cómo íbamos a poder entregar lo que habíamos vendido?

El miedo se apoderó de nuestra vida. Buscábamos claridad en cualquier resquicio de posibilidad para sentir que teníamos el control de algo, encerradas en esa cárcel amable que es nuestra casa. Las personas querían respuestas y nosotras no sabíamos ni siquiera cómo articular mejores preguntas. Es complejo aportar claridad cuando el mundo se vuelve un lugar oscuro.

Honestamente, como emprendedora, no hay nada que me encienda más que enfrentarme a un reto, sea el que sea. Pero ¿cómo podíamos hacer frente a algo que no comprendíamos?

Pasamos de la incertidumbre máxima a la incapacidad de poder tomar decisiones porque la verdad era que no entendíamos el reto al que nos enfrentábamos, ni siquiera si este tenía un final cercano.

Entonces nos pusimos a hacer lo que abanderamos con transparencia, empatía y valentía: comunidad.

Ante el miedo: esperanza.

Ante la ansiedad: empatía radical y humanidad.

Ante la oscuridad: perspectiva y cocreación.

Ante la reclusión: comunidad.

En equipo nos propusimos liderar un encuentro digital para hablar con toda la comunidad —centenares de personas— sobre lo que estábamos viviendo.

Transcurrida una semana, habíamos organizado la primera coco (conversación colectiva), un espacio de debate digital para cocrear soluciones colectivas en torno a la siguiente pregunta: como emprendedora ¿qué necesitas en este momento para que la comunidad te sostenga?

Ese encuentro fue un ritual colectivo, aunque en ese momento no tenía ni idea.

Una experiencia puramente intencional para generar alquimia emocional individual y colectiva que tuvo una recurrencia mensual. Y pese a que nuestra ambición era sentirnos cerca a través de la pantalla, conseguimos algo mucho más potente: vencer la oscuridad a través de la auténtica comunión.

De esa reunión salieron ideas tan atrevidas, disruptivas y extraordinarias como crear una moneda colaborativa, construir una herramienta nativa digital (la primera app focalizada en el emprendimiento femenino) u organizar nuevas experiencias digitales potenciando a las propias socias de la comunidad. Ideas que, como buenas emprendedoras —personas tan soñadoras como ejecutoras—, transformamos en iniciativas palpables.

En aquel momento me hice la pregunta adecuada: ¿cómo podemos seguir entregando valor si quitamos de la ecuación el contacto físico (o pon aquí el parámetro que se caiga de tu propia ecuación)?

Estuvimos un año y medio sin poder celebrar ningún evento presencial, algo dramático a nivel económico para una nanoempresa. Y en ese entorno ansioso e incierto, y con nuestra propia financiación y tesorería tiritando, en vez de quedarnos paradas y desesperanzadas, empezamos a investigar cómo poner en marcha todas y cada una de las acciones propuestas por la comunidad.

Si pienso en un titular de esta etapa, podría ser: «De pensar en cerrar a escalar».

La activista del liderazgo femenino que olvidó cuidarse a sí misma

«Sonríe, reina, has superado una pandemia», escribí un día.
Este fue el lema de nuestro primer evento tras la pandemia.
La COVID me obligó a enfundarme el traje de Superwoman y olvidé guardarlo en el cajón de los disfraces. Normal que me hicie-

ra llagas. Cuando estás en modo guerrera, sobrevivir es una cuestión de medir las batallas, pero no puedes vivir eternamente en modo supervivencia.

Superar esa etapa fue tan exigente como empoderador, y me olvidé de cuidar de mí misma y de volver a generar rutinas, ritmos y dinámicas que me permitieran regenerar mi energía, descansar y nutrirme para calibrar mi sistema nervioso.

En resumen: me convertí en una activista del liderazgo femenino que olvidó cuidarse a sí misma. Y peté.

A veces llegaba a casa a mediodía y necesitaba meterme en cama lo que quedaba de jornada.

Mi mente estaba tan seca como mi creatividad. Y su exigencia (hablo de ella en tercera persona, porque en ese momento no me hacía responsable de la calidad de mis pensamientos) no ayudaba.

Mi sistema nervioso y mi energía seguían en modo supervivencia dos años después de la pandemia y las consecuencias eran perceptibles: pasé de estar ansiosa, irritable y estresada a exhausta, drenada y triste.

O paraba ese proyecto, o el proyecto me pararía.

Recuerdo vivir ese dilema en la montaña, en la Cerdanya. Este es un entorno que me nutre, que me conecta, es un espacio al que voy a crear y cargar. Donde mi intuición no susurra, habla alto y claro. Y con lágrimas en los ojos fui a dar un paseo empujada por la necesidad de tomar una decisión honesta sobre si seguir con ese proyecto o dejarlo ir.

Empecé a caminar sin rumbo con una batalla orquestada por ideas, pensamientos y lógica en mi cabeza. Mi naturaleza accionadora me hacía dibujar planes y propuestas A, B, C con sus variantes AB, BC, AC. Precisamente hui de casa porque necesitaba tomar una decisión con mi esencia, no con mi cerebro, y conseguí apagar la mente para encontrarme con una estampa casi onírica. Recuerdo ese paseo como si fuera ayer. Y estoy segura de que mi memoria lo ha hecho más brillante, bello y cálido de lo que fue en realidad, pero esa experiencia fue un ritual que me acercó a mí en un momento en que me necesitaba.

Todo estaba gélido a las 8.38 de la mañana, y la luz del sol irradiaba en la escarcha helada creando una estampa tan iridiscente que cegaba. Puse una música que me acompañara en ese estado. Y hubo un momento que dejé de buscar una respuesta y empecé a disfrutar de lo que mis sentidos me estaban regalando. Al regresar a casa, la decisión ya estaba tomada.

Un ritual es una experiencia intencional, una brújula que te guía hacia lo que necesitas en un momento vital. Lo que lo cataliza es esa necesidad de conectarte contigo misma. A veces, es darte permiso para reclamar espacio para ti y tus procesos; otras, es encontrar una respuesta o llevarte a otro estado emocional, más cómodo. En ese caso, necesitaba tomar una decisión tan dura como honesta. Y para ello tenía que conectarme a mí. Y aplicar la decisión de la forma más suave posible para evitar el mayor daño posible.

Mi causa no tiene pausa, pero yo sí.

Finalmente decidí pausar EXTRAORDINARIA, un proyecto que me había llenado tanto y que por entonces me había dejado seca.

Cuando sentí la decisión, mi cuerpo se volvió pluma. La sensación de ligereza era tan física como nítida. Llamé a todas y cada una de las integrantes del equipo y les expliqué que necesitaba **pausar**. Creo que nunca he sentido tanto amor y empatía por unas personas que, tal y como rezamos en nuestra propuesta de valor, ponemos la vida en el centro.

Y empecé a desescalar mi proyecto con mimo y sin drama.

En esos días muchas preguntas incómodas asaltaron mi cabeza: «¿Cómo le he fallado así a mi equipo? ¿Por qué no tengo fuerzas? ¿Por qué no tengo claridad?».

También algunas más prácticas y terrenales: «¿Hay dinero para indemnizar al máximo a todas?».

Y luego: «¿Cómo voy a nutrirme para volver a brotar? ¿Cómo vuelvo a ilusionarme por lo que he construido? ¿Por qué si estoy contenta con mi decisión siento tanta nostalgia?».

De algunas todavía hoy no tengo la respuesta.

Y empezamos a crear una despedida para esa pausa, a la altura del amor con el que construimos todo.

No era el qué, era el cómo, y así no era.

Pasé del agotamiento al duelo. Unos tres meses después de esa decisión, en mi escritura matutina automática sin ninguna finalidad literaria, escribí: «De pequeña, mi intuición siempre encontraba la solución».

Y así, recordando lo que me conecta de lo que me desconecta, empecé a planificar mi año de una manera muy intuitiva y sanadora, comencé mi propia simbiosis. Creando nuevas relaciones asociativas y nutritivas entre mi *expertise*, mis contactos, y descubriendo nuevos retos que me encendieran de nuevo.

Y no fue ni fácil, ni romántico.

Y fue bastante solitario, honestamente.

Me puse en el centro, de verdad.

No hay mejor manera de comprobar que estás en el centro que hacer algo para ti. Cuando te pones en el centro de verdad, hay máxima conexión y autenticidad. Y por eso, aquel año todos los proyectos y programas que creé bebían de la necesidad de conectarme con mi pasión y visión, otra vez. Desde ese lugar, sané.

Creo profundamente en el trabajo creativo para sanar. Yo misma vivo mi propia creatividad desde una dimensión espiritual: trato de dar vida a lo que imagino, como este libro que tienes en las manos.

Ese año había una idea que, cada vez que la imaginaba, me encendía toda: un retiro experiencial en Marrakech. Un proyecto para el que nunca encontraba el tiempo ni el dinero. Cuando decidí pausar, puse ese plan encima de la mesa con máxima intención. Era el momento. Y empecé a desarrollar el contenido de ese retiro.

Cuando me conecto a mi frecuencia creativa, mi intuición coge el mando y no cuestiono demasiado lo que hace, a no ser que no lo sienta bien en mi cuerpo, o que no sea sostenible económicamente si el propósito principal es el económico.

Llamé a este retiro «RITUALX, cómo conectar con el poder de los rituales de marca a través de nuestros proyectos empresariales». Una docena de mujeres empresarias y absolutamente épicas (entre ellas, mi equipo, que ya no era mi equipo) y yo viajamos a Marrakech para, durante tres días intensos, disfrutar, compartir, aprender y conectar con estas prácticas. Fue algo mágico para mí, y creo que para ellas también: las conversaciones, el nivel de complicidad y de intimidad; la mejor cura fue quedarnos sin cobertura. Sin duda, uno de mis mejores recuerdos de 2023. Porque allí empecé a encontrarme y a reevolucionarme.

La activista del liderazgo femenino que olvidó cuidarse a sí misma transformó los rituales en esas experiencias intencionales (individuales o colectivas) con el objetivo de volver a ella.

Y así fue como esas prácticas brújula me permitieron encontrarme y enchufarme otra vez a mí misma. Vislumbrando nuevas maneras y caminos de retorno a casa, más amables, más flexibles, más honestos. Para cuando te pierdas o dañes, o para cuando decidas reevolucionarte.

Y es que volver a ti es siempre una buena idea.

MI PROMESA: RITUALIZA Y VENCERÁS

No es casual que este libro se haya materializado ritual a ritual.

Antes de que fluyan las palabras a través de mis dedos he preparado el cuerpo, la mente y mi esencia (otras la llaman «alma»), que a veces es la única que tiene certeza de por qué hago lo que hago.

Con máxima humildad, ojalá estas páginas te brinden una nueva idea, un conocimiento nuevo o una práctica que te acerque a abrazar quien eres hoy y a celebrar todo ese camino que te ha llevado hasta aquí.

Como este es un libro experiencial, oirás a continuación un aplauso enlatado. ¡Brava! ¡Más fuerte! No subestimes el poder de tu imaginación porque es capaz de cambiar tu estado emocional.

Mi intención es conectarte a ti y ayudarte a tenerte cerca cuando lo necesites. Es llevarte a nuevos lugares contigo, sin salir de casa. O sí. La cuestión es que no tienes que irte a Bali a encontrarte (está hasta arriba). La mayoría de mis rituales tienen lugar en mi cocina, en la montaña, en la biblioteca, en mi oficina o caminando sin rumbo. Las prácticas de este libro están creadas para que sean accesibles donde sea y cuando sea. Solo necesitas traerte a ti de nuevo.

Personalmente, no me siento nada experta en rituales tradicionales o ancestrales; además, hay libros maravillosos dedicados a la vertiente más antropológica, sociológica y mística del asunto. No busco reproducir nada ya creado, que me ha nutrido y aplaudo. **Mi propósito es acercar los rituales a ámbitos no explorados, como la marca, la empresa y el propio liderazgo personal, que necesitan humanizarse ante el auge de lo artificial y lo inauténtico.**

¿Quién soy yo para escribir este libro?

Hace años que necesitaba leer este libro y, finalmente, después de años de investigación, de experimentación y de mucha acción, he decidido escribirlo.

Sí, soy una de esas personas profundamente accionadoras: aries, manifestadora generadora, eneatipo 7 (puede que esto no te diga nada o te diga todo). Soy intensa y estoy masterizando el arte de la pausa. Me apasiona dar vida a proyectos o acelerarlos —depende del estado madurativo—, y por eso, en mi esencia, siento sencilla esta inercia iniciática. Mantenerlos con vida es otro cantar.

Por esta razón me puse manos a mi obra, y ya que esta es una experiencia íntima en la que estamos únicamente tú y yo, te diré algo: te recomiendo que hagas lo mismo si tienes un libro en ti que puede aportar algo nuevo.

Nunca me había planteado explorar e investigar sobre los rituales, y eso que las experiencias de marca son una de mis *expertises* profesionales más longevas. Y aviso: en los próximos años veremos esta práctica de rituales extendida tanto en el ámbito del bienestar personal como en el empresarial, ya sea en el propio desarrollo de marcas, en acciones de marketing o en estrategias de fidelización.

En mis veinte años de trayectoria he ayudado a cientos de emprendedoras, empresas con propósito e instituciones públicas a elevar y a expandir su impacto a través de la comunicación emocional y experiencial. Mediante estrategias de marca que potencian la diferenciación orgánica, aquella que alinea los valores con la autenticidad, y la creación de experiencias de marca que crean comunidad y construyen cultura emocional. Y es que puedo afirmar que la emoción es la piedra angular para crear una marca que impacte e importe. La única que conecta con uno de los activos más relevantes en la era de la distracción y el ruido: el vínculo.

Para que me puedas etiquetar fácilmente en tu mente, soy Gemma Fillol y tengo un mantra: si no emocionas, no existes. Soy mentora y consultora de marca personal, catalizadora de nuevos liderazgos, evangelizadora del poder de las experiencias y arquitecta de comunidades. En 2021 lancé mi primer libro, *Sé É.P.I.C.A.* (Zenith, 2021), una guía donde, a través de ese acrónimo, narraba en primera persona cómo impulsé mi marca personal, una fórmula para potenciar y construir tu propia marca y encender a la líder que hay en ti. Conseguí posicionarlo en la lista de los libros más vendidos en

Amazon la primera semana de su lanzamiento. Esto me ha llevado a expandir mi mensaje más allá, impartiendo conferencias para clientes de la talla de Revlon, CaixaBank, Zurich Seguros, Logitech, Skoda, Indra, Montibello, Disseny HUB Barcelona y CreativeMornings, así como realizando formaciones para instituciones o escuelas de negocios como ESIC, la Universidad de Barcelona, Kuestiona, la Universidad Almería, las diputaciones de Barcelona, Tarragona y Huelva, o HAZI Fundazioa (Gobierno vasco).

Además, he acompañado a varias administraciones públicas de norte a sur de la península (Andalucía, País Vasco y Cataluña) a crear comunidades de emprendimiento en sectores tan diversos como el creativo, el liderazgo femenino, el comercio local o el sector primario con denominación de origen.

Durante más de dos décadas, me he dedicado a transformar espacios ordinarios en experiencias extraordinarias, convirtiendo formaciones o encuentros en momentos significativos, y organizaciones en comunidades con propósito. Desde crear prácticas y rituales para productos y marcas que conoces, y cuyos nombres no puedo decir, hasta establecer dinámicas que construyen conexiones significativas a través del poder de los rituales.

He podido demostrar que los rituales no son solo prácticas personales, sino herramientas poderosas para el desarrollo del liderazgo y la construcción de comunidades auténticas.

La experiencia es mi lengua madre. En cualquier producto, servicio o experiencia que creo, siempre intento comprender la respuesta que debería guiar todo el proceso creativo: ¿cómo quieres que se sientan las personas?

Así es como concebí el concepto de la «experiencialidad», un programa para liderar experiencias formativas que transforman enfocado a formadoras, líderes de equipo o creadoras de contenido digital que dirigen comunidades por las que han pasado centenares de personas. La experiencia es un nuevo lenguaje, que a menudo

BIENESTAR MULTIDIMENSIONAL

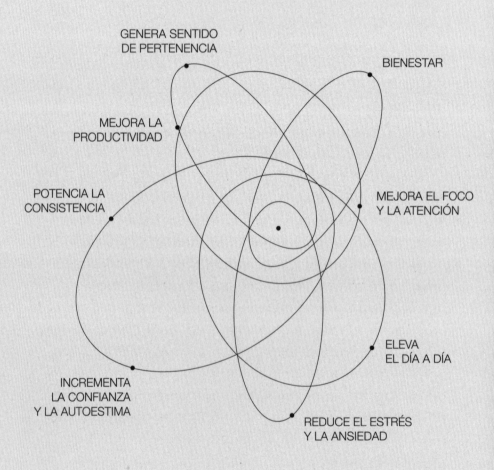

EL RITUAL BRINDA BIENESTAR MULTIDIMENSIONAL

chapurreamos por instinto, pero comprender el poder de la experiencia en cómo lideramos una reunión o entregamos un producto es la nueva ventaja competitiva en el mundo empresarial.

El ritual es una tipología de experiencia profundamente intencional. Y comprender la holística que hay detrás de estas prácticas ancestrales e infusionarlas en los retos contemporáneos o en ámbitos no explorados como la empresa, donde puede haber tensión y mucha pretensión, es mi propósito con esta guía.

Una nueva mirada para explorar cómo preservar y cultivar lo auténticamente humano en la carrera hacia lo artificial.

3-3-3

Este libro está organizado en tres partes. Sí, la magia del tres.* Se trata de un número especialmente atrayente para nuestra atención. El cerebro tiende a procesar mejor la información cuando está ordenada y es secuencial. De hecho, hay numerosas narrativas construidas desde esta tríada: principio, desarrollo, desenlace; presente, pasado, futuro; consciente, inconsciente, subconsciente; mente, cuerpo, esencia.

Yo misma utilizo mucho esta técnica del tres para ordenar la mayoría de mi contenido; a mí me da claridad y orden, y tu atención lo agradece.

La primera parte del libro está enfocada en comprender la esencia y el poder de estas experiencias intencionales: los rituales. Sobre todo, en una era que implica muchos retos para nuestra atención, bienestar y conexión genuina. En esta parte más teórica, te narro

---

* Un estudio publicado en 2024 por la revista científica *Cognitive Psychology* halló que las personas fueron más propensas a recordar conjuntos de tres objetos en comparación con conjuntos de dos o cuatro objetos.

TÚ

DECISIÓN

IMAGINACIÓN · INTUICIÓN

INTEGRACIÓN · ADAPTACIÓN

RECUPERA LA CONEXIÓN

COOPERACIÓN · CONVERSACIÓN

INSPIRACIÓN · CELEBRACIÓN

RELACIÓN

TRIBU

todo lo que he aprendido sobre la práctica y su impacto en el activo más relevante: tu energía.

Descubrir esta práctica y, además, sumarle mi visión humanista y mis conocimientos como experta en comunicación emocional y experiencial y neuroliderazgo es precisamente lo que genera un valor diferencial a esta obra.

En estas páginas exploraremos de qué manera los rituales afectan al sistema nervioso y profundizaremos en cómo fortalecer nuestro propio bienestar en unos tiempos que se empeñan en desconectarnos de nuestra propia esencia.

La segunda parte es quizá la más inspiradora, y en ella te invito a probar esos rituales que regeneraron mis ganas de volver a crear. La he dividido en dos áreas complementarias que van del tú a la tribu. El ritual sitúa el tú —o a la tribu— en el centro. Y a través de estas dos dimensiones, la individual y la colectiva, comparto contigo treinta rituales experienciales para que los hagas tuyos.

- En TÚ (rituales para proteger la conexión con una misma), encontrarás quince prácticas para potenciar aquellas habilidades y competencias que valoran tu humanidad y la honran. He seleccionado las que creo que son más valiosas para potenciar tu liderazgo y encender tu poder personal: la integración, la imaginación, la intuición, la adaptación y la decisión.
- En TRIBU (rituales para potenciar la conexión con otras personas), está ordenada según las habilidades que queremos potenciar en equipo. Además, incluyo en ella varios rituales que yo misma he practicado, diseñado o facilitado en sesiones con alumnas, clientes y varias instituciones. En estas páginas he incluido una amalgama de prácticas con diversa profundidad y ligereza para que tú misma puedas consultarlas cuando quieras. Todas ellas activan la conversación, la relación, la inspiración, la cooperación y la celebración.

PREGUNTAS EFERVESCENTES

¿Qué práctica vas a hacer antes de ponerte a leer?
¿Te comprometes a algún ritual?
Antes de coger el libro yo voy a...

Por último, en la tercera parte del libro encontrarás RITUALAB, un laboratorio experimental con el que diseñar y liderar tus propios rituales, ya sea para uso personal o empresarial. Además, te enseño una metodología paso a paso para construir rituales que generan un impacto transformacional en las personas, aplicables a cualquier contexto de la vida diaria o profesional y que te convertirán en una líder catalizadora de cambio e impacto positivo. Y como sé que esto puede sonar a promesa demasiado ambiciosa, he incluido varios ejemplos para que dejes de menospreciar tu poder personal.

Como ves, te propongo una organización de mis ideas para que puedas explorarlas de forma secuencial, pero, una vez leído el libro, puedes moverte por él como necesites, poniendo énfasis en aquellas prácticas que te van a brindar lo que requieras en cada momento, ya sea desde la conexión, la motivación o la imaginación, incluso desde la colaboración y la celebración colectiva.

También verás que esta obra es interactiva y experiencial, ya que lo más interesante de cualquier idea ajena es sentir que suma, haciéndola tuya. Te recomiendo una primera lectura reflexiva; subraya aquello que te llame la atención o que sabes que necesitarás volver a leer. Y si lo prefieres, en una libreta complementaria crea tus propios rituales con la metodología que te cedo y házmela a medida. Los gráficos y el material complementario te harán vivir una experiencia más vívida.

Este es un libro para vivirlo y experimentarlo desde la primera letra, y su propósito es que desbloquees nuevas capas de ti que habías cubierto y que, *spoiler*, no conoces ni si quiera tú misma, al menos por ahora. Una dimensión de más consciencia, apertura, juego, inspiración y, sobre todo, conexión contigo, con otras personas y con el mundo, potenciando tu propia visión y estilo. Desde cómo organizas tu rutina a cómo afrontas un reto o defines tu propio placer.

Los rituales moldean tu identidad, y eso es lo que te define tanto a nivel individual como colectivo. Mi familia es mi familia porque en Navidad, cuando llegan los turrones, con premeditación y alevosía sacan el libro de villancicos y se ponen a cantar como si no hubiera un mañana. Siempre me ha parecido tan entrañable como ridículo, pero es lo que hace a mi familia mi familia. E incluso es lo que moldea nuestro propio legado.

Acompañarte a experimentar, crear y liderar nuevos espacios intencionales me parece muy poderoso.

Esta es mi promesa con este libro: servirte de guía para preservar la conexión contigo misma en la era de la hiperconectividad y el FOMO (*fear of missing out,* miedo a perderte algo) a través de experiencias intencionales que te ayudarán a calibrar y liderar de manera más auténtica. Y a vincularte con personas en tu entorno personal y profesional de forma más profunda para generar un impacto tan poderoso como genuino.

- **Explora el poder de los rituales para conectarte contigo y proteger tu poder personal.** En un mundo dominado por la distracción y la desconexión, los rituales ofrecen un ancla para mantenernos centradas y presentes.
- **Descubre al menos treinta prácticas que pueden potenciar tus propias habilidades de autoliderazgo a nivel individual y colectivo.** Los rituales pueden ser diseñados para calibrar tu energía, pero también para desarrollar cualidades y habilidades específicas como la empatía, la comunicación efectiva, la resiliencia o la pertenencia.
- **Transforma equipos en comunidades: los rituales son un pilar para crear cultura colectiva.** Un ritual bien diseñado puede ser el cimiento de una cultura organizacional sólida y coherente. Además, fomentan el sentido de pertenencia y colaboración que trasciende lo superficial.
- **Sé una activista ritualista. Explora y crea tus propios rituales a través de este laboratorio experiencial.** Las experiencias

intencionales pueden redefinir nuestras prioridades, enriquecer el día a día y fortalecer nuestras relaciones.

Al final de este viaje, conocerás los rituales que te ayudarán a calibrarte y potenciarte en todos los aspectos de tu vida. Mi deseo es que este libro te inspire a descubrir y abrazar el poder de los rituales, permitiéndote vivir una vida más consciente, armónica y conectada a ti.

Para cuando necesites pausar, volver a empezar o cuando te pierdas.

No tienes que encontrarte cuando puedes crearte.

ESTÁS
A UN RITUAL
DE SENTIRTE
mejor.

02

BIENVENIDA
A LA ERA DE
LA *distracción*

En este capítulo me han acompañado...
SI MURIERA MAÑANA | RIGOBERTA BANDINI
BELLYACHE | BILLIE EILISH
PROBLEMZ | JUNGLE

Cada mañana el sol explota en mi cocina. Uno de mis rituales vitales es levantarme para tomarme el primer café embelesada por la belleza del amanecer en Barcelona. Son tan solo ocho minutos. A veces se me hacen cortos; otras, eternos (para que luego digan que el tiempo es objetivo). Cada estación cambia la hora de salida, e incluso el mar le da paso desde diferentes coordenadas. Pero todos los días el sol sale. Y, aun así, es un espectáculo único por la luz y la futilidad del instante.

Pierdo la mirada en el horizonte hasta que oigo bramar la cafetera que me hace volver.

Entonces, me reservo tener treinta minutos de silencio en casa. En ocasiones escribo, otras veces me estiro y casi siempre enfoco mi jornada laboral. Seguidamente se despertarán mi hijo y mi pareja, y dará comienzo la danza preparatoria de duchas, desayunos, mochilas, depende del día incluso meriendas y algún que otro drama. Encender la radio nos ancla al presente y a menudo a la desastrosa actualidad. Luego vienen los abrazos, los besos, y ya se instaura la prisa.

Cuando llego a la oficina, empiezan «los juegos de la atención». Que serían una especie de juegos del hambre donde el apetito se transforma en una lucha mental, física y emocional para proteger mi foco a toda costa, a lo Katniss Everdeen, la protagonista de la famosa saga de ciencia ficción.

No importa la maestría de tus artes de planificación y gestión de proyectos: la jornada se desarrolla para que tú no acabes lo que programaste a primera hora en esa libreta de tareas por hacer. Es como si las fuerzas del universo hubieran escrito un guion, en formato comedia, para desenfocarte constantemente en forma de distracciones varias, que van desde e-mails bomba, llamadas comerciales a todas horas o imprevistos que no habías previsto —obvio— a ese grupo de WhatsApp, especialmente el del cole, que te has propuesto que no vas a abrir y, cuando lo haces, acabas liderando la propuesta ganadora (desde un regalo hasta una manifestación pacífica). Esa lista de tareas que habías plasmado a primera hora del día con foco, fluidez y buena dimensión energética —a lo que habría que haberle añadido realismo para no perder cada día contra una lista hecha por ti misma— se convierte en fantasía.

«Me pongo los auriculares rosas y me centro», me digo.

En la oficina tenemos una técnica cero sofisticada que consiste en ponernos auriculares cuando necesitamos concentrarnos. Es una manera amable de decir que valoras que nadie te desconcentre, sin necesidad de ponerle palabras. Los compré en un momento de lucidez al caer en la cuenta de que, cuando necesitaba avanzar, no iba a la oficina y me quedaba en casa. Este es un ritual supersimple que garantiza momentos de foco ininterrumpido.

Por fin empiezo a escribir y a fluir, ya sea con una propuesta, un guion, una dinámica para mi próxima experiencia o alguna estrategia comunicacional. Al cabo de solo dos minutos y medio, necesito consultar el diccionario de sinónimos. Ahí aparecen los primeros *banners* publicitarios, que obviamente me recuerdan que no he comprado el billete de tren para mi próximo taller. Entro en la web de Renfe. «Será rápido», me digo. Error 404. Un clásico. ¿Qué temperatura hará en el País Vasco? ¿Tengo el traje naranja planchado? De hecho, he visto un traje de esa marca española que puede ser perfecto. Me pongo a buscarlo, no lo encuentro. Entra un mensaje de WhatsApp, miro de reojo, es mi madre. Lo leo. Con el móvil en la mano y sin ninguna intención abro Instagram; como no entro desde ayer, tengo un porrón de notificaciones e interacciones, que respondo. Qué rica y fácil esta receta con calabaza. «Gemma, céntrate». Tiro el móvil y me enfado con él como si tuviera la culpa de moldear mi comportamiento. Consulto el correo y acechan más distracciones: avalancha de e-mails, suscripciones, titulares suculentos, que organizo en una carpeta para leer más tarde a sabiendas de que nunca voy a volver a ellos. Contesto los correos más rápidos pensando que necesito un *quick win*, un chute de dopamina barata para sentirme productiva. Aunque estoy lejos de ello, dominada por la urgencia, la frustración y la intransigencia de mi atención. Ni billete, ni traje, ni mucho menos foco.

¿Sabías que cada vez que algo te distrae necesitas veintitrés minutos y quince segundos para volver a concentrarte?* Alucina. Una distracción puede venir de un e-mail, una llamada, un estornudo y, a veces, hasta un dulce «hola» de tu compañera.

Somos una generación distraída y adicta al teléfono. No solo somos incapaces de ignorarlo, sino que cada vez le concedemos más legitimidad, más habilidades e incluso más gobernabilidad de nuestros negocios y nuestra vida. Una inversión a tiempo completo y a foco perdido.

La conectividad constante es la norma. Así, el entretenimiento, la evasión o el propio descanso (la meditación, la lectura, el deporte…) pasan a menudo por los píxeles, las apps y la tecnología. Este empacho digital es delirante y tiene consecuencias palpables en tu cuerpo, en tu mente y en tu estado emocional.

Lo cierto es que permitir que la mente divague e imagine puede ser uno de los mejores ejercicios, pero es la distracción sin propósito, el *scroll* infinito, lo que nos está fundiendo las neuronas.

Muchas personas, sobre todo líderes y emprendedoras, nos enfrentamos a un dilema: ¿cómo puedo desconectar, de verdad, en un mundo hiperconectado? ¿Qué efectos tiene la hiperconectividad en mi atención, en mi creatividad, en mis relaciones, en mi toma de decisiones o en la conexión conmigo? ¿Dónde están mis propios límites para cuidar de mi salud mental? ¿Cómo puedo preservar y potenciar esa conexión conmigo misma?

---

* Gloria Mark, «The Cost of Interrupted Work: More Speed and Stress», <https://ics.uci.edu/~gmark/chi08-mark.pdf>.

DE LA ECONOMÍA DE LA ATENCIÓN A LA ERA DE LA MÁXIMA DISTRACCIÓN

¿Te has parado a pensar cuántas veces miras el móvil al día?

¿Las has contado alguna vez o te da pavor descubrirlo?

Yo sí, un día las conté. Sin embargo, es verdad que era absolutamente consciente de qué estaba haciendo y por qué.

Alguien con recursos financieros y capacidad para liderar una investigación rigurosa debió de hacerse esta misma pregunta.* Te aviso, la respuesta da un poco de miedo: 352. Las personas adultas revisan sus teléfonos móviles hasta 352 veces al día.

Esto equivale a una vez cada tres minutos. Una locura. De hecho, en promedio, es cuatro veces más que en 2019 (lo que ahora llamamos «época prepandemia»).

Sé honesta.

¿Qué te hace sentir este dato que acabo de darte?

En tu caso particular, ¿te sientes identificada?

¿Crees que eres consciente del impacto de esa dependencia?

Lo pregunto porque yo no lo era. Y te aseguro que aquí no hay juicio, pues solamente estamos tú y yo. Quizá mantienes una relación equilibrada y consciente con tu tecnología, tu salud mental y tu liderazgo. Otro aplauso enlatado para ti. Pero quiero contarte cómo un ritual muy sencillo me ayudó a quitarme un hábito que me conducía por mal camino.

---

* Un estudio de 2022 liderado por Asurion descubrió que, en Estados Unidos, las personas adultas revisan sus teléfonos móviles hasta 352 veces al día.

478 siempre gana a 352

En 2017 me compré un arnés para llevar siempre el móvil colgado, seguramente fui de las primeras personas en España en tener uno. Se lo vi a una *influencer* alemana y en dos semanas me llegó un prototipo que estrené en una experiencia masiva de EXTRAORDINARIA. La verdad es que es un artilugio muy práctico. Sobre todo, para personas olvidadizas como yo que, en un evento como aquel, pierden su móvil una media de seis veces, en una ciudad como Barcelona donde, por desgracia, a lo que pierdes de vista, le pierdes la pista.

Con el tiempo, y, sobre todo, con consciencia, esa practicidad que veía al inicio de llevar mi empresa colgando del cuello se transformó en un patrón de comportamiento enfermizo que no podía regular. Caminando, cada vez que me aburría —quizá cada tres minutos— lo cogía y lo miraba. Me preocupé verdaderamente cuando, mientras conducía mi moto, fui consciente de que, en cada semáforo que me paraba, consultaba mi teléfono para chequear las notificaciones. No me juzgues, que me cierro. En ese momento me creía y me sentía una persona altamente productiva, hoy te diría que estaba enferma.

Durante un tiempo jugué a dominar ese deseo involuntario; por entonces estaba acabando mi posgrado en neuroliderazgo y estudiando y hackeando la psicología del hábito (más adelante profundizaré en ella). Un hábito es inconsciente, no pesa, está integrado en ti. Por tanto, jugaba a darme cuenta cuándo ese comportamiento indeseado aparecía —consultar el móvil en los semáforos— y a controlar ese deseo a través de un ritual.

No es sencillo hacer consciente lo inconsciente, pero cuando practicas esta técnica te das cuenta de que la mente hace lo que le dices y, habitualmente, esto se basa en lo que crees. Cuando cogía mi móvil, tomaba consciencia de que lo había hecho, esa es la parte fácil. La parte compleja es dejar de hacerlo y la mejor manera de moldear un hábito o neutralizarlo es sustituirlo. Así que cada vez que tenía ganas de mirar mis flamantes notificaciones en un semáforo realizaba una respiración consciente.

Inspira en 4, aguanta el aire en 7, suelta en 8.

Si quieres reducir la ansiedad, la exhalación siempre tiene que durar más que la inspiración, pues es cuando el sistema parasimpático se enciende.

Tuve un síndrome de abstinencia brutal durante más de tres semanas, que me indicaba que ahí había un mal hábito porque estaba absolutamente enganchada. Y es que consultar mis notificaciones me daba un subidón de dopamina barata.

Las narrativas funcionan muy bien para adquirir un hábito más saludable, así que yo me dije: 478 siempre gana a 352.

478 es una de mis respiraciones favoritas.

Inspira en 4, aguanta el aire en 7, suelta en 8.

Las ganas conscientes de consultar mi móvil, en un semáforo de la Ciudad Condal, eran el detonante para que el ritual empezara. Y así es como transformé un mal hábito en un ritual de motorista zen. Ríete, pero si en medio del caos del tráfico activaras este pequeño ritual de un minuto, quizá estaríamos todas más relajadas.

Cuando se me rompió ese arnés, no volví a comprarlo. Lo miré con cara de haber ganado una batalla. Arnés 0. Gemma 1.

No hay nada que empodere más que recuperar tu soberanía y tu poder de decisión. Tener el control de mi atención en la era de la máxima distracción no tiene precio.

El valor de las nuevas economías intangibles

La «economía de la atención» es un término acuñado por el economista Herbert A. Simon a principios de los años setenta y popularizado por Michael Goldhaber a mediados de los noventa. Y aporta un cambio de paradigma radical al potenciar la invisibilidad de los nuevos activos comerciales. Pasando de una economía basada en lo material a una nueva que valora un activo tan intangible como ubicuo: la atención.

Esta visión reafirma que la atención humana es un recurso escaso, de modo que capturarla y retenerla es el objetivo competitivo de las empresas del presente y del futuro. Pero ¿a qué coste?

La economía de la atención se ha convertido en una industria que prospera rápidamente, haciendo que la experiencia digital sea atractiva y profundamente adictiva para las personas a toda costa.

¿Por qué Instagram, TikTok y otras aplicaciones de redes sociales se esfuerzan tanto en que entres en la aplicación? ¿Por qué es tan difícil parar de consumir ese contenido entretenido de pocos segundos?

Esta es la economía de la atención. Un nuevo paradigma en el que las monedas más preciadas, como la atención, la energía o el propio propósito y sentido de lo que haces, son intangibles. El precio que pagamos en esta economía es bien caro, si valoras tu foco, salud mental y bienestar.

Desde mi punto de vista, **la atención es energía enfocada y alineada**.

Un activo valiosísimo y casi mágico, pues todo aquello en lo que posas tu atención crece. Y amplificas, sea algo positivo o negativo para ti.

Piensa en tus pensamientos como burbujas de jabón. Aquellos que tienes más latentes los haces grandes y son los que tienen tu máxima atención, a sabiendas de que algunos son hasta nocivos para ti. Por ejemplo, piensa en el comentario de ese grupo de WhatsApp que tanto te ha molestado. Sabes que no tiene importancia, pero tú no puedes dejar de hacerlo grande, pensando en él en bucle. ¿Le contestas de la misma manera? ¿Le mandas un emoji? ¿Le explicas

LA ATENCIÓN ENFOCADA AMPLIFICA RESULTADOS

ATENCIÓN DISPERSA VERSUS ATENCIÓN ENFOCADA

por privado a esa persona cómo te ha hecho sentir su comentario? ¿Respiras? La incomodidad nos atrapa. Es importante saber soltar lo que no te aporta, porque te está drenando.

Otro ejemplo muy claro de dónde evito focalizar mi atención es en no discutir con personas desconocidas en internet. Me niego a poner mi energía allí. No me aporta nada, me desgasta y muchas veces siento que hay bots entrenados para desempoderarte.

A la inversa, proteger tu foco y canalizarlo hacia tus objetivos vitales o profesionales te va a ayudar a materializar sueños. Por ejemplo, si cada día escribes una hoja, en un año tendrás un libro.

Tomar consciencia es el primer paso; crear una estrategia para proteger y cuidar tu energía a través de rituales podría ser el segundo. Recuerda que tú eres quien sopla y puede hacer inmensos o diminutos esos pensamientos solamente brindándoles tu atención.

¿CONECTADA O DESCONECTADA? CONSECUENCIAS DE LA ERA DE LA HIPERCONECTIVIDAD

¿Qué sentirías si te despertaras un día y descubrieras que te has quedado sin cobertura, para siempre? ¿Alivio o ansiedad? ¿La tecnología y, más concretamente, las redes sociales mejoran de forma significativa tu vida? Ni yo lo tengo claro, aunque me han ayudado a crear una empresa y un estilo de vida muy alineados a mi visión del éxito en este momento vital.

Vivimos en la era del FOMO, la dismorfia corporal o la violencia estética, la *zoom fatigue*, el *scrolling* sin sentido, el contenido *brain rot* o la cultura de la cancelación. Las consecuencias de una cultura digital poco consciente afectan directamente a nuestro bienestar y salud mental, así como a la productividad y a la calidad de nuestras relaciones.

La economía de la atención, sumada a esta hiperconectividad, ha creado la trampa perfecta: ambas nos mantienen lo suficientemente distraídas como para no ver lo distraídas que estamos.

Mientras seguimos actualizando nuestros *feeds* y persiguiendo nuevas tendencias digitales, vivimos un momento en el que necesitamos cuestionar y prestar más atención a aquello a lo que estamos prestando atención. Vuelve a leerlo.

Buscamos wifi con desesperación al mismo tiempo que padecemos interferencias con nosotras mismas y ni siquiera nos percatamos de ello. Y la incansable carrera de la inteligencia artificial a la que nos hemos apuntado en los últimos años para ser más productivas, eficientes y creativas no ayuda. Es más, puede llevarnos a un agotamiento digital que afecte a nuestra salud mental y bienestar y a la incapacidad para disfrutar del ahora.

De hecho, yo me estoy planteando seriamente en convertirme en una persona más humana e ineficiente. Soy una rebelde con causa y que empieza a abrazar la pausa.

La era de la hiperconectividad ha transformado en profundidad la manera en que vivimos, trabajamos y nos relacionamos. Y si bien nos ha brindado grandes ventajas, como el acceso inmediato a la información, la flexibilidad y la posibilidad de estar conectadas con personas de todo el mundo, también ha generado múltiples consecuencias negativas que afectan a diversos aspectos de la vida. Estamos enganchadas a una droga que ya no da subidón a nadie.

Lo que he observado es que cuanta más conexión digital tengo en mi vida, más desconexión emocional genero y experimento a mi alrededor, en todos los sentidos.

Y no es algo que únicamente me suceda a mí.

Cuanta más conexión digital, menos conexión emocional, contigo y con el mundo.

Pasar largas horas en entornos digitales puede desviar nuestra atención de lo que nos conecta con el cuerpo, los sentidos y nuestra esencia. La sobreexposición a las pantallas y la interacción constante con el mundo digital nos desvincula de las experiencias físicas y sensoriales que anclan nuestra percepción en el mundo real.

Pero, en esta era de máxima dispersión, podemos elegir: podemos seguir siendo productos en la economía de la atención, o podemos convertirnos en guardianas conscientes de nuestra energía y atención.

Quizá, los rituales son el primer paso en esta revolución silenciosa.

La espiral de la desconexión: desenfocada, drenada y desconectada

Las consecuencias de vivir en la era de la distracción son muchas y, desde mi visión, activan una espiral de desconexión con nosotras mismas. Un bucle que nos condena al desenfoque de objetivos, al desgaste energético e incluso a la desconexión con lo que nos hace vibrar. Y no es algo que me suceda solo a mí, sino que es algo generalizado.

Algunas de estas consecuencias incluyen sentirte:

Desenfocada: el déficit de atención te desenfoca de tu éxito vital.
No es ninguna sorpresa que la constante exposición a notificaciones y mensajes, así como el consumo de contenido fragmentado en redes sociales, limitan y disminuyen la capacidad de atención, concentración y foco.

¿Cuántas veces te has descubierto entrando en el mundo digital a buscar algo y, en medio de esa proeza, y fascinada por la experiencia o una nueva tendencia viral, has olvidado el propósito inicial?

Según diferentes estudios, nuestra capacidad de atención no ha dejado de disminuir en los últimos años. ¿Tú lo notas? Yo muchísimo. Tengo que esforzarme soberanamente en acabar de ver una película, y es casi imposible verla sin hacer algo más a la vez, a no ser que vaya al cine y deje el móvil en casa.

La capacidad de atención de las *millennials* no dura más de doce segundos, mientras que la de la generación Z se agota en ocho. En los últimos quince años, esta ha disminuido en casi cuatro segundos. Nos está quedando un futuro muy *clickbait*.

Pero si hablamos del ámbito laboral, ¿cuánto tiempo, de media, permanece una persona trabajadora en una misma pantalla antes de desviar su atención a otro dispositivo o estímulo? Pues bien, mientras que en el año 2004 la media era de ciento cincuenta segundos (dos minutos y medio), en 2012 bajó a setenta y cinco segundos, la mitad. Y en 2021 cayó a cuarenta y cinco segundos.

De modo que el titular sería: la capacidad para concentrarnos ha caído un 70 por ciento en dos décadas.

Es muy alarmante. Así lo sentencia un ensayo llevado a cabo con personas trabajadoras de veinticinco a cincuenta años y liderado por la investigadora estadounidense Gloria Mark, doctora en Psicología con tres décadas de experiencia en el estudio de la relación entre el cerebro y la tecnología digital.

Los resultados de sus experimentos, recogidos en su reciente libro *Attention Span*, son claros: estamos perdiendo capacidad de atención. La buena noticia es que se puede recuperar. ¿Cómo? Siendo conscientes de dónde la estamos poniendo, protegiéndola y cuidándola, dice Mark. Y para ello el ritual resulta vital.

Como usuarias expertas en redes sociales, sabemos que cada pequeño desliz del dedo nos proporciona una ingente cantidad de ideas e historias nuevas que desencadenan un chute de dopamina en el cerebro. Este chupito de placer inmediato y barato obstaculiza nuestra creatividad y productividad, pero sobre todo nuestro foco, que es el responsable de dirigir nuestras prioridades vitales. Las que nos acercan a vivir una vida exitosa en este momento vital, ya sea acabar esa carrera, conseguir un trabajo mejor o cuidar el cuerpo.

Sé selectiva. Acceder a tu atención es un privilegio. Y esta puede acercarte a aquello en lo que te enfocas.

Drenada: la «ocupaditis» te lleva a un agotamiento energético y emocional, y no es normal. Según la OMS (Organización Mundial de la Salud), el estrés y la ansiedad son la epidemia sanitaria del siglo XXI, y esta se halla muy relacionada con la hiperconectividad.

¿Por qué estamos agotadas? Porque estamos regalando nuestra atención y, con esta, nuestra energía. Haz un pequeño ejercicio: tangibiliza tu atención. Piensa en ella como un color, una pegatina o un pósit. Y dedica un día a ver todos los lugares físicos e imaginados donde se posa. Seguramente te sorprenderás y te enfadarás, pues la estás despilfarrando.

Piensa que tu atención es desplazada a cada impacto, notificación, e-mail o wasap, y esto tiene un desgaste cognitivo tremendo. Estás drenada porque estás posando tu atención y malgastándola en espacios que ni siquiera te interesan. Además, la infoxicación, la sobreestimulación digital o el estar permanentemente conectada genera una expectativa de estar siempre disponible. Esta sensación constante de urgencia es agotadora para el cerebro, que se encuentra en un estado continuo de alerta. No regales tu atención enfocada, no regales tu energía, es demasiado valiosa.

La hiperconectividad altera también los patrones de sueño. La exposición a pantallas antes de dormir interfiere en la producción de melatonina, la hormona que regula el sueño, y muchas sufrimos de insomnio o descanso de mala calidad debido a esta tendencia a revisar dispositivos electrónicos hasta altas horas de la noche.

Hasta hace unos años, lo último que hacía antes de ir a dormir y lo primero que hacía cuando me levantaba era mirar el móvil. Sí, culpable.

¿Cómo puede ser que dedicara el momento más relevante para regenerar mi energía a este mal hábito? Desconocía que llevarme a miles de personas conmigo al baño en el primer pipí matutino no es que no fuera saludable, sino que desperdiciaba mis mejores horas creativas, esas en las que la semiinconsciencia te brinda nuevas ideas a las que no tienes acceso cuando la consciencia se pone al mando.

¿La hiperconectividad me da energía o me la quita?

Mientras utilizaba mi móvil en los semáforos yo me decía a mí misma que estaba siendo superproductiva y superinteligente. Ser consciente de comportamientos adictivos —hasta la dependencia emocional de la aprobación ajena— de la infoxicación, es decir, la sobrecarga de información, del consumo digital desproporcionado y sin propósito y del impacto de estas prácticas en nuestra salud mental nos va a ayudar a prevenir el desgaste energético y de nuestra inteligencia emocional y a frenar enfermedades como la depresión, el estrés o la ansiedad, derivadas de la hiperconectividad. La cultura de la «ocupaditis» no es normal y no debería hacernos sentir culpables cuando no somos productivas.

Desconectada: la gran paradoja digital, hiperconectada y aislada. Si bien la hiperconectividad facilita la comunicación y el contacto expansivo con multitud de personas, las interacciones y, por ende, las relaciones se vuelven más superficiales.

Soy una mujer extrovertida y me encantan las personas, no puedo evitarlo. Lo llevo en los genes. Mi madre es una relaciones públicas de barrio; no ha salido a la calle y ya ha saludado y dado los buenos días a una decena de vecinos, y en el trayecto de cinco minutos para ir a comprar el pan, preguntará a una decena de personas más cómo va el día o querrá saber de su salud o la existencia.

En los últimos años en los que he liderado proyectos expansivos digitales, ha aflorado mi incapacidad por retener fisonomías y nombres personales o comerciales, así como el ya clásico «No sé si te conozco del mundo real o digital». Mi capacidad de retención no solo ha menguado, sino que mi hipocampo no da para más. El cerebro no está preparado para tener un círculo social del tamaño de un Palau Sant Jordi. De hecho, el antropólogo Robin Dunbar sugiere que los humanos podemos mantener un máximo aproximado de ciento cincuenta relaciones sociales estables de manera simultánea.

Por otro lado, varios estudios han encontrado un vínculo entre el uso extensivo de tecnología y un mayor sentimiento de soledad.* La ironía es clara: las mismas herramientas diseñadas para conectar pueden contribuir a crear una sensación de aislamiento. Y es que, si bien la tecnología facilita la comunicación, la calidad de esa interacción es fundamental. Las redes sociales con miles de «amigas» no satisfacen nuestras necesidades sociales reales.

A menudo, estamos rodeadas de personas que no nos hacen bien. Una conexión genuina requiere más que intercambios superficiales, lo que destaca la necesidad de reconsiderar cómo utilizamos la tecnología para fomentar relaciones significativas. Es la paradoja de la hiperconectividad, son las generaciones más conectadas (*millenials* y *centennials*) las que más aisladas se sienten.

El uso excesivo de las redes sociales puede llevar a comparaciones constantes con los demás y a fomentar la validación social ajena, generando sentimientos de insatisfacción personal y baja autoestima que pueden vincularse con sentimientos depresivos, ya que las personas tenemos tendencia a idealizar la vida de otras personas mientras desestimamos nuestras propias experiencias. Además, la comparación tiene un impacto en nuestro autoconcepto: cuando esta sube, baja la autoestima.

---

* Patrick Parkinson, «The loneliness of the digitally connected», *Cambridge Papers*, <https://www.cambridgepapers.org/wp-content/uploads/2023/01/P_CP_Dec22_web_amended.pdf>.

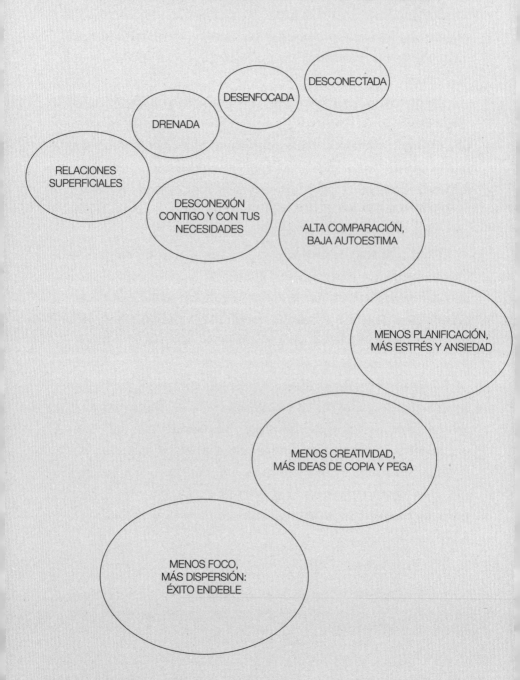

En la actualidad, el 75 por ciento de las personas adultas nos sentimos moderada o altamente solas.* Aunque tengas una familia, un grupo de amigas, estés casada o cuentes con centenares de personas en tu agenda de WhatsApp. La epidemia de la soledad existe, incluso después de la pandemia. Volver a generar espacios físicos y digitales donde compartir, escuchar y sostenernos, de verdad, puede ser revolucionario.

En resumen, las consecuencias de esta era de la máxima distracción es una rueda de máxima desconexión, que puede llevarte a sentirte desenfocada del día a día y tus prioridades, drenada emocional y energéticamente porque no llegas a todo y desconectada de ti, tus necesidades y tus relaciones. Tú eres la máxima responsable de todo lo que accionas, incluso de cómo reaccionas en tu vida. Este libro pretende impulsarte a que tomes las riendas a través de rituales que fomentan la alquimia y el poder transformador de estas consecuencias con conciencia y curiosidad.

Así que, cada vez que cojas el móvil o enciendas el ordenador, pregúntate:

- ¿Me conecta o me desconecta de mi foco, mis prioridades, mi éxito vital?
- ¿Me da energía o me la quita?
- ¿Me conecta a otras personas profundamente o me lleva a relaciones superficiales?

**La consciencia es el primer paso para el cambio.
Y el ritual es una práctica que abraza la consciencia plena.**

---

* «The Loneliness Epidemic Persists: A Post-Pandemic Look at the State of Loneliness among U.S. Adults», <https://newsroom.thecignagroup.com/loneliness-epidemic-persists-post-pandemic-look>.

EL RITUAL, EL ANTÍDOTO A LAS INTERFERENCIAS

Lo que me enseñó mi propio *burnout* es, quizá, lo más valioso que quiero transmitir en este libro. Y te hablo desde la cicatriz, no desde la herida.

Estar desconectada de ti misma puede llevarte de la distracción a la destrucción en muy poco tiempo.

Siempre me he considerado una persona altamente productiva, seguro que tú también. Pero hay días, semanas o hasta épocas donde la sobrecarga de proyectos profesionales, los retos en casa, la falta de límites nítidos —porque no te apetece nada tener una conversación difícil— encienden ese bucle evitativo que genera desconexión. Y es probable, además, que no seas del todo consciente de que no se trata de que no te sepas organizar, o de que no tengas capacidad, sino que hay demasiado en tu plato: puede ser frustrante y doloroso.

En este contexto, los rituales son una herramienta poderosa para la reconexión personal. Necesitamos desconectar de toda inercia y conectarnos con intención a aquello que puede ayudarnos a crecer.

Porque ¿sabes cuál es realmente la fuente de tu máxima distracción? Tú.

Tú eres la máxima generadora de distracciones en tu vida.

Al realizar un ritual, te desconectas de forma deliberada de la vorágine externa y te centras en el momento presente. Por eso, esta práctica fomenta una pausa consciente en medio del caos, creando un ancla que te permite volver al centro y recordar lo esencial.

Un reto de nuestra propia existencia moderna es que sabemos mucho —te diría que demasiado—, sobre todo lo que nos hace bien, pero no lo aplicamos. Por tanto, el conocimiento se vuelve absolutamente ineficaz por nuestra falta de voluntad. Vivimos en un sistema que busca el placer y la recompensa inmediata de manera cons-

EL PODER INVISIBLE DEL RITUAL

CONSCIENCIA Y PRESENCIA — Los rituales invitan a hacer una pausa y a tomar consciencia de nuestras prácticas con presencia.

INTENCIÓN, AUTENTICIDAD Y COHERENCIA ALINEADAS — Realizar rituales fortalece nuestra intención y cultiva nuestra coherencia interna.

ELEVACIÓN DE LO COTIDIANO — Los rituales elevan las acciones del día a día otorgando significado y simbología a nuestras acciones.

CONEXIÓN CON LA COMUNIDAD — Los rituales conectan con el grupo a través de la tradición y simbología compartida o de co-crear tradiciones nuevas.

TRANSFORMACIÓN — Los rituales son herramientas poderosas que pueden ayudarnos al cambio y la transformación a través de la energía enfocada.

EMPODERAMIENTO — Los rituales te devuelven tu poder creando prácticas significativas para ti y la manera como quieres impactar en el mundo.

¿CÓMO EL RITUAL TE AYUDA A CONECTARTE A TI Y GENERAR IMPACTO?

tante y eso está bien si tienes un mal día, pero la adicción al placer es de lo más dolorosa a largo plazo.

En la antigua Grecia, estaban muy alerta a este fenómeno y le dieron el nombre de *akrasia*, que podríamos traducir como «debilidad de la voluntad» o «falta de poder». El ritual es la mejor estrategia para reforzar ese poder, ya que rechaza la idea de que encontrar tiempo para ti una vez y por casualidad es suficiente para conocerte, aceptarte y potenciarte.

El ritual te empuja hacia una versión más leal y auténtica de ti misma. En medio del caos, es un antídoto que nos ayuda a recuperar la conexión con nosotras, generando momentos de claridad, introspección y propósito frente a un entorno que nos dispersa constantemente y nos lleva de la inercia a la intención de diversas maneras invisibles que nos anclan.

¿Te imaginas de lo que serías capaz de crear si dominaras tu energía, tu foco, y pudieras calibrarte cada vez que te desenfocas?

TU ENERGÍA ES SAGRADA: DE LA INERCIA A LA INTENCIÓN

Si te olvidas de algo todo el tiempo, hazte una camiseta.

A ver, técnicamente, un pósit en la nevera puede servirte, aunque sabes que se caerá en algún momento. De tu frigorífico, pero también de tu consciencia.

Quien dice una camiseta, dice una lámina o un objeto que sea tan tangible que sea imposible mirar a otro lado.

Yo hice una *tote bag*, una bolsa de tela reciclable. Y transformé una frase en el lema de una experiencia formativa multitudinaria sobre liderazgo femenino. De ahí salimos centenares de emprendedoras con un susurro que rezaba en son de paz: **«Tu energía es sagrada»**. Este es un aprendizaje que a menudo paso por alto. Por eso,

DE LA INERCIA A LA INTENCIÓN

llevo mucho esa *tote bag*; ponerla en mi órbita visual me ayuda a ponerme en valor y a tomar mejores decisiones. Eso es encarnar los valores en la era moderna y conseguir tangibilizar lo intangible. Este puede ser un buen ritual: cuando tengas un aprendizaje vital, hazte una camiseta, una *tote* o una foto —versión facilona— para que no se te olvide que la vida es un *work in progress*.

¿Qué es lo más valioso que posees?

Reflexiona.

En mis formaciones y conferencias, esta es una de mis preguntas efervescentes. Observo la cara de las personas que se esfuerzan por escanear su preciada vida en pocos segundos para traer una respuesta original o certera.

«El tiempo» es la respuesta más reiterada.

¿Es esta la tuya?

Y cuando alguien propone que lo más valioso es una persona, intento recordar que las personas no se poseen, ¡glups!

Hace poco una sabia mujer se aferró a «la salud», y esta respuesta certera está muy alineada con este argumento que quiero esbozar en tu imaginario, aunque muchas veces esta no dependa de nosotras.

Lo más valioso que tienes es tu energía.

Toda mi vida he oído eso de «el tiempo es el bien más preciado», «el tiempo es oro», y quizá por eso durante mucho tiempo lo he sentido así y he actuado en consecuencia. Hacer, hacer, hacer para aprovechar y para sentir que el tiempo no se nos escapa —*tempus fugit*—, sino que lo intercambiamos por experiencias y recuerdos.

Sin embargo, hemos colocado al tiempo sobre un pedestal porque es medible y, por tanto, visible, tangible. Tictac. Una herramienta de medición generalista y estándar que parece precisa, pero es soberanamente subjetiva.

Un minuto puede ser un suspiro si estás tomando una copa de vino en la terraza, pero puede ser un infierno si tienes un cólico nefrítico (y hablo desde la experiencia).

En el trabajo creativo, aquel que implica activar la corteza prefrontal y pensar con intención para resolver o crear algo, puedes invertir seis, ocho o diez horas al día a crear —ya sea diseñar, escribir, pintar— y acabar la jornada absolutamente vacía, sin ningún resultado final que te llene.

Medimos el tiempo para sentir que controlamos su paso, pero este nos acaba controlando a nosotras moldeando nuestras jornadas, nuestros ciclos vitales, nuestra vida.

¿Y si en vez de organizar el tiempo gestionamos cómo nos sentimos?

¿Y si en vez de planificar el tiempo lideramos nuestra energía?

Quédate con estas preguntas porque nos acompañarán más adelante a diseñar tus rituales.

En el mundo de los rituales, la energía ocupa un lugar central.

Tu energía es sagrada.

Y allí donde la enfocas pasan cosas y donde no, no.

Las nuevas economías intangibles (atención, intención y propósito) son, en esencia, diferentes manifestaciones de energía. Me explico: la atención es energía enfocada que determina dónde ponemos el foco o interés. La intención es una energía que determina la calidad y el sentido de nuestras acciones, según nuestro interés o nuestras decisiones. En cambio, el propósito es energía con un significado más profundo, pues alinea lo que hacemos con quiénes somos y cómo queremos impactar en el mundo o qué legado queremos dejar, más allá de nosotras mismas.

Un ritual no trata únicamente de las acciones visibles o los objetos tangibles que nos harán construirlos; su verdadera fuerza reside en elementos invisibles como la intención, la atención, la conexión y la emoción. Cada vez que realizamos un ritual con plena consciencia, estamos movilizando estas fuerzas invisibles, dando forma y dirección a nuestra energía interna.

En este sentido, los rituales son un recordatorio de que la energía es poder.

Aquello en lo que la enfocas crece, y cuando esa energía se dispersa en demasiadas direcciones, es fácil perder de vista lo que de verdad importa: tu conexión contigo misma.

El mejor aprendizaje de este capítulo es poner consciencia a que, para conectarte a ti, hay que desconectarse del resto. Desconéctate de todos esos cables imaginarios que viven y se nutren de tus distracciones, tus expectativas y exigencias que están chupando tu energía y que generan interferencias con tu poder personal y con el impacto positivo que quieres sembrar, sea escribir un libro, liderar un equipo o disfrutar los fines de semana en familia. Tu cerebro no necesita más dopamina barata.

Necesita que salgas a pasear con un iPod de 2010, en el que erais únicamente tú y tu música, que leas un libro que no puedas prestar porque está lleno de notas importantes para ti y que te da vergüenza compartir, que leas poesía, que subas a esa colina sola, que tengas una conversación que te alimente y te haga perder la noción del tiempo, que te encuentren unos rayos de sol y que le bailes a la luna. Tu cerebro quiere conectarse a lo que te hace sentir viva, a lo que te hace sentirte quien eres.

Ahora sí. ¿A qué te conectas tú?
Conéctate a ti.

PREGUNTAS EFERVESCENTES

¿De qué necesitas desconectar?
¿A qué te quieres conectar?
¿Qué prácticas necesitas para proteger tu mente?
¿Qué prácticas necesitas para cuidar tu cuerpo?
¿Qué prácticas necesitas para proteger tu esencia?

PRÁCTICAS PARA UN DÉTOX DIGITAL EXPRÉS Y RECUPERAR TU SOBERANÍA TECNOLÓGICA

Si estás en un momento en el que la tecnología ha tomado el control y tu cerebro está en dinámicas de dopamina barata que dificultan tu propia concentración y productividad, necesitas una intervención, o mejor dicho, *intervencioff*.

Estas prácticas te ayudarán a restaurar el foco y recuperar tu soberanía para que la tecnología no te controle:

1. **Ordena tu espacio físico y digital.** La claridad exterior se refleja en tu mente. Un entorno ordenado te ayuda a mantener el enfoque en lo que realmente importa. Así que elimina todo lo que sobra. A nivel digital, elimina en tu móvil apps que ya no utilizas, trabaja tan solo con las pestañas necesarias en tu ordenador o deja tu escritorio con las carpetas esenciales.

2. **Evita comenzar y terminar el día en redes sociales.** Básicamente porque entrenas tu cerebro a crear dinámicas de recompensa inmediata y lo sobreestimulas. Entrena tu cerebro para retrasar la recompensa.

3. **Preserva tus mejores horas para tus mejores proyectos.** Trabaja en bloques de foco con temporizador, alternando periodos intensos de trabajo con intervalos de descanso. Preserva tus mejores horas para trabajar enfocada, al menos noventa minutos sin distracciones. Yo suelo hacer ciento ochenta minutos, con *brain breaks* cada hora u hora y media; así aprovecho mejor mis momentos de energía cognitiva.

4. **Usa una *checklist*.** Tener un listado claro y un tiempo determinado para cada tarea organiza tu jornada y te ayuda a trabajar mejor. Yo agendo incluso el tiempo para naufragar por redes o hacer un descanso. Es importante que calcules bien el tiempo que dedicarás a cada tema.

5. **Trabaja y duerme sin el móvil cerca.** Colocar el teléfono en otra habitación evita distracciones innecesarias y mejora la calidad de tu descanso.

6. **Elimina todas las notificaciones de tu móvil.** La estimulación constante interrumpe el foco y afecta a tu rendimiento. Mantén el control de tu tiempo y atención sin interrupciones externas.

7. **Si mandas audios, que sean como máximo de un minuto.** Basta de pódcast y monólogos. Protege también el tiempo de aquellos a los que quieres. A no ser que necesites desahogarte, limítate a mandar audios de un minuto como máximo; más allá de un minuto es ego. O haz algo mejor: ¡llama!

8. **Protege tu paz y escoge no estar informada de todo.** No necesitas estar al tanto de todo lo que pasa; elige conscientemente la información que consumes —diferencia lo que te nutre de lo que te entretiene— para preservar tu tranquilidad y claridad mental.

9. **Aprende a diferenciar lo que te nutre de lo que te entretiene.** Lo que te nutre son experiencias que te hacen reflexionar (una serie, un libro, una charla), expanden tu perspectiva y alimentan tu espíritu. Lo que te entretiene solo satisface temporalmente, ofrece un placer inmediato pero efímero. La

clave está en encontrar un balance consciente, reconociendo el valor de ambos elementos en nuestra vida, pero asegurando que comprendemos bien la diferencia.

10. **Pasa del FOMO al JOMO. Y del JOMO al GOMO.** ¿Dónde va a parar el tiempo, la energía y la creatividad que inviertes en las redes sociales o en otros focos de distracción? Si el FOMO (*fear of missing out*) habla del miedo a perderte algo, una emoción ansiosa que fomenta la comparación y el malestar, el JOMO (*joy of missing out*) celebra la alegría consciente de desconectar y priorizar lo que realmente importa. Pero ¿y el GOMO? El GOMO (*growth of missing out*) es un concepto que me he inventado y que pone el foco en el coste de oportunidad: todo lo que podrías crecer si invirtieras tu energía en lo que realmente importa. Es un cambio de perspectiva. Se trata de reconocer que perderte cosas que no aportan valor te permite ganar algo mucho más grande: tiempo, foco y crecimiento personal o profesional. Cada vez que eliges perderte algo irrelevante para invertir en aquello que realmente te importa, estás cultivando tu propio crecimiento.

Por ejemplo, ¿qué podrías hacer con diez mil minutos al año? Parece mucho, ¿verdad?, pero solo son veintisiete minutos al día. Imagina que dedicas esos minutos a escribir, a caminar, a estudiar, a conversar, a jugar.

Recuperar la soberanía sobre tu tiempo y atención transformará tu relación con la tecnología, optimizando tu bienestar y productividad.

NO HAY
NADA MÁS
PODEROSO
QUE TU *energía*.
ALLÁ DONDE
LA POSAS
LA AMPLIFICAS.

03

NO NECESITAS
MÁS HÁBITOS,
NECESITAS
MÁS *rituales*

En este capítulo me han acompañado...
IF I COULD TALK TO A YOUNGER ME | BÉLA FLECK & ABIGAIL WASHBURN
NANAI | AMAIA
CHOREOMANIA | FLORENCE + THE MACHINE

Seamos honestas. Si no disfrutas del camino, ¿crees de verdad que gozarás del destino final?

Escribir un libro es un proceso doloroso. Al menos, yo viví así mi última experiencia. En esencia, porque cualquier proceso o proyecto creativo de larga duración está repleto de altibajos, en los que te llegas a plantear demasiadas veces si conseguirás acabarlo o si realmente sirves para esto. Es eterno. También es cierto que la idea de vivir de escribir cuatro líneas a última hora y que queden inteligentes, a lo Carrie Bradshaw, mientras ves al vecino de enfrente hacer el amor con gran pasión, no ha ayudado. Y es que la expectativa es la semilla de la frustración.

Escribir este libro ha sido un placer indulgente, porque cada día que me ponía con él sembraba una nueva idea que me invitaba a explorar mis propias prácticas con una curiosidad desbordante. Estaba incluso deseosa por saber cómo acababa, y eso que soy yo la que le ha puesto el punto final.

Lo que he aprendido entre los dos procesos es la importancia de disfrutar el camino, de verdad.

Ahora, olvídate del libro.

Si no estás disfrutando el proceso, sea el que sea, ¿qué te hace pensar que disfrutarás del destino final? Ya sea de ese posgrado, de tu tesis doctoral, de ese proyecto empresarial que no funciona como debería, de esa casa que estáis renovando demasiado poco a poco, o de crear una nueva vida en otro barrio, industria o mundo.

Cuando sembramos un sueño sabemos que no florecerá al día siguiente. De hecho, ni siquiera sabemos si florecerá. Por eso, si solo valoramos la flor, el resultado final, te vas a convertir en una coleccionista de éxitos marchitos.

Hoy andaba por la calle cuando vi la mimosa de los vecinos empezar a brotar. Cada año me sorprende la explosión salvaje de sus flores amarillo chillón. Y me fascina que invierta trescientas sesenta y cinco noches en crear ese traje que caerá en apenas quince días.

Esa mimosa se debe sentir muy incomprendida —o privilegiada— en una sociedad que premia la inmediatez y el ASAP. Invertir un año entero en obtener una recompensa tan efímera no es de este siglo. Pero nada tan extraordinario se construye de un día para otro. Lo que tarda en florecer un año, o el tiempo que necesite, es que no es flor de un día.

Quizá seas...

- Una emprendedora que trabaja dieciséis horas al día porque siente que cuando facture seis cifras será exitosa y feliz.
- Una mujer líder que renuncia o posterga sus espacios de creatividad, bienestar personal y espiritualidad por no desequilibrar la armonía familiar.
- Una aspirante a conferenciante profesional coleccionista de logotipos, de todo tipo, para subir a su web y fabricarse lo que en marca personal llamamos «autoridad», a base de parecer y no de crecer.

Cuando te enamores y disfrutes del proceso, en lugar del resultado final, te estarás dando el permiso para ser suficiente, digna y exitosa, y no postergarás esa emoción para cuando el trabajo esté hecho. Tu intención debe estar alineada con la práctica, no con el resultado.

Cuando entrenas para una carrera, te enamoras de ti misma por la fortaleza mental y física que has tenido, no por cruzar la línea de meta.

Cuando te proponen para un premio, te enamoras del honor que significa que alguien ajeno valore y admire tu trabajo, no de ganarlo.

Cuando te haces una foto, te enamoras del momento y de preservar ese recuerdo, no de subirla en la red social de turno.

Cuando vendes un proyecto, te enamoras del impacto que tendrá esa relación comercial, no de la transacción en tu cuenta bancaria.

El ritual nos enseña a valorar y enamorarnos del proceso.
De darnos un espacio para crear y crearnos. El único resultado esperado es estar más cerca de ti cuando acabes. No hay que resolver nada, ni tampoco mejorar nada; ni siquiera hay que llegar a ningún lugar más que el aquí y el ahora.

Y abre un nuevo paradigma a cómo poder extrapolar esta práctica a crear economías productivas más conscientes, más amables, más sostenibles, más circulares con una energía más femenina.

Honrar el proceso no implica únicamente enamorarte de tu vida, sino celebrarla.

HÁBITO, RUTINA Y RITUAL NO SON SINÓNIMOS

Somos el resultado de nuestras acciones diarias. Incluso de las inacciones.

Ya sean hábitos, rutinas o rituales.

Estos definen qué es importante para nosotras, en qué invertimos o qué estilo de vida valoramos. Por tanto, son prácticas que moldean quiénes somos, y hasta pueden ayudar a esculpir quiénes queremos ser a través de la acción consciente.

Habitualmente utilizamos estas tres palabras de manera indistinta, y casi como sinónimos, para referirnos a actividades cotidianas del día a día. Son muchas las personas que, gracias a ellas, se sienten motivadas a crear un estilo de vida que les satisface, aunque son pocas las que conocen la verdadera diferencia entre estos tres vocablos. Hábito, rutina, ritual. Nada que ver.

Poner el despertador, hacer la cama, practicar deporte, preparar el café o lavarte los dientes son acciones que quizá repites con frecuencia diaria. ¿Son un hábito, una rutina o un ritual para ti? No hay respuesta errónea a esta pregunta. Recuerda: un ritual no es el qué, es el cómo. Por consiguiente, puede que cualquiera de estas acciones sea para ti un hábito automático, una rutina que te ayuda a empezar el día con foco o una experiencia intencional repleta de significado. Comprender la naturaleza de la tipología de cada una de ellas para transformarlas en lo que necesites, en este momento vital, es esencial.

Los hábitos, los rituales y las rutinas son acciones y comportamientos repetidos que coexisten en nuestra vida y que se diferencian entre sí en una dimensión intangible y, por tanto, compleja de ver a simple vista. Y es que miden el esfuerzo energético, ya sea en forma de conciencia e intención, clave para diferenciarlas con precisión.

En ciertos momentos de mi vida el deporte ha sido un hábito para mí; cuando no era madre, iba al gimnasio varias veces a la semana, era fácil. Sin embargo, después lo transformé en rutina, aunque he estado en sesiones de *spinning* colectivas ritualizadas donde una hora se ha transformado en frascos de motivación para un año. Literal. Soy una persona adicta al significado porque, donde pongo la intención, mis resultados se multiplican. Sea lo que sea.

Ya sabes, tu energía es sagrada, pero, además, cómo la inoculas en tus prácticas es lo que genera un impacto diferencial. Hábitos, rutinas y rituales son vitales para crear cambio e impacto positivo en nuestra vida. Los tres son relevantes, complementarios e incluso interdependientes.

Los hábitos son pilares de comportamiento, mientras que las rutinas generan estructuras consistentes y son los rituales los que dotan de significado nuestras acciones y nuestra vida.

- **Hábito:** Es un comportamiento que, de tanto repetirlo, se ha vuelto automático en ti, no pesa. Es una acción específica o un conjunto de acciones que realizamos a menudo sin pensamiento consciente. Los hábitos, buenos y malos, determinan quién eres a través de lo que haces.

- **Rutina:** Es un conjunto de actividades —pueden ser hábitos o incluso rituales— que sigues en un orden o patrón específico. Se trata de un concepto más amplio que abarca múltiples acciones en secuencia. Las rutinas te ayudan a organizar tu día, a establecer coherencia y consistencia, y a priorizar las actividades que definen tu foco principal desde la productividad al bienestar.
- **Ritual:** Es una experiencia intencional y significativa que se realiza regularmente, asociada a una intención y necesidad, y que genera una respuesta emocional. El ritual es una experiencia individual o colectiva elevada, y suele tener todo un ceremonial, ya que se realiza de forma consciente e intencionada.

Nada que ver. Aunque lo que enmarca el poder de cada una de estas acciones sea invisible. Piensa en el café —o el té, o el zumo verde, ya me entiendes— que tomas por las mañanas. La acción en sí no tiene relevancia, es su simbología la que es determinante para comprender si es un hábito, una rutina o un ritual.

Quizá te levantas dormidísima y preparas la cafetera, sin pensarlo. Lo tomas mientras te enfundas los vaqueros y repasas los e-mails antes de llegar a la oficina. Y cuando te sientas en tu escritorio, ni te acuerdas de si te lo has tomado. O tal vez forma parte de tu rutina matutina, de un conjunto de actividades relevantes en tu mañana, con un orden establecido consciente, porque te da paz: movimiento, café, higiene personal y salimos de casa. Bien. O es probable que te tomes el café como si fuera un elixir, lo huelas en tu taza preferida, salgas a la terraza a sentir el momento, con el sol explotando en tu cara y reflexionando sobre cómo te quieres sentir ese día. Esa soy yo. Te puedes lavar los dientes como si fuera un acto sagrado, pero, personalmente, a mí no me conecta; de hecho, no sé ni cómo lo hago porque para mí es un hábito.

HÁBITO, RUTINA, RITUAL NO SON SINÓNIMOS

HÁBITO   RUTINA   RITUAL

DE MENOS A MÁS CONSCIENCIA

Así que los hábitos son repeticiones poderosas que dan forma a tu estilo de vida. Las rutinas son secuencias estructuradas de actividades que enmarcan tu día a día. Y los rituales son ceremonias significativas que añaden profundidad a tus propias experiencias.

En la actualidad, las monedas más valiosas son intangibles. En el capítulo anterior, te hablaba de la economía de la atención y de la energía como activos intangibles de un valor tan alto que no tienen precio.

Para poder explicarte con nitidez la diferencia entre estas acciones reiteradas que moldean tu comportamiento e identidad, déjame que te comente cuáles son las tres fuerzas intangibles que las diferencian: **consciencia, energía e intención**.

Nivel de consciencia

Los hábitos se hacen inconscientemente.
Las rutinas se hacen conscientemente.
Los rituales se hacen con atención plena.

El 40 por ciento de nuestros comportamientos diarios son hábitos.* Es decir, casi la mitad de lo que hacemos a lo largo del día lo repetimos de forma automática porque siempre lo hemos hecho así. Por el contrario, cuando realizamos una actividad que es nueva para nosotros, necesitamos mucha motivación y esfuerzo para llevarla a cabo.

Un hábito es el resultado de una acción que repetimos con frecuencia automáticamente. Si nos fijamos, en nuestro día a día, repe-

---

* David Neal, «Habits—A Repeat Performance», *Current Directions in Psychological Science*, 15(4), 2006, <https://www.researchgate.net/publication/252798940_Habits—A_Repeat_Performance>.

timos muchos hábitos, como quitarnos los zapatos al entrar en casa, apagar las luces antes de salir o cepillarnos los dientes, entre muchos otros. Son todas esas acciones que ejecutamos de modo mecánico, porque ya las hemos realizado un número de veces suficiente para que queden grabadas en nuestra memoria, apenas pensemos en ellas cuando las hacemos y, por tanto, no requieren que les prestemos atención o esfuerzo para llevarlas a cabo. Romper un hábito inconsciente o implementar uno nuevo requiere un esfuerzo inicial enorme y una media de sesenta y seis días.* Sin embargo, después de repetir el hábito durante un periodo prolongado de tiempo, el comportamiento acaba convirtiéndose en automático, por lo que se realiza de manera inconsciente.

Las rutinas son una serie de acciones (ya sean hábitos o rituales) realizadas en un orden específico. A diferencia de los hábitos, estas casi siempre se crean de forma consciente. Las rutinas simples pueden estar compuestas por dos o tres hábitos, mientras que las más complejas pueden contener docenas de comportamientos. Por ejemplo, mi rutina matutina incluye un conjunto de hábitos y de rituales. La de mi hijo tengo que recordársela cada mañana y hasta está escrita en una pizarra en el frigorífico, pero no hay manera. La consistencia de estas rutinas les ayuda en su desarrollo y evolución como personas autónomas.

Si bien los rituales tienen una estructura repetitiva como las rutinas, cada acción se realiza plenamente consciente e incluso disfrutando el momento. Es más, muchos rituales colectivos, como las bodas y las graduaciones, requieren de una preparación a conciencia.

---

* Phillippa Lally, Cornelia H. M. van Jaarsveld y Henry W. W. Potts, «How are habits formed: Modeling habit formation in the real world, Phillipa Lally Universitu of Surrey», *European Journal of Social Psychology* 40(6), 2010, <https://www.researchgate.net/publication/32898894_How_are_habits_formed_Modeling_habit_formation_in_the_real_world>.

Nivel de energía

El nivel de energía y de esfuerzo determinan también la diferencia entre hábito, rutina y ritual.

¿Cuánto esfuerzo y energía requiere cada acción?

Un hábito generalmente se manifiesta como una necesidad de automatizar una acción, actitud o comportamiento. De que esa acción esté tan integrada que no requiera apenas esfuerzo. Debemos guardar reservas cognitivas para lo importante y, según nuestra naturaleza instintiva, para la supervivencia. Por eso la heurística y todos los atajos neuronales que podamos crear nos ayudan a reservar fuel cognitivo para lo relevante.

Hay mucha literatura y estudios científicos basados en cómo crear hábitos que duren. James Clear, en *Hábitos atómicos*, explica que cuanto más fuerte es la conexión entre el desencadenante y el hábito, más arraigado está este hábito. E introduce una teoría, a mi parecer revolucionaria, sobre cómo estos moldean la propia identidad: del hacer al ser. Es decir, para integrar el deporte en tu vida, no basta con dejar la ropa preparada, mentalizarte y hacer que sea fácil y divertido, sino encarnar ese deseo en tu propia identidad: soy una persona deportista. Según esta idea, el ritual y la rutina podrían preceder al hábito. Es decir, antes de hacerlo automático, requiere un ceremonial plenamente consciente.

Por el contrario, las rutinas exigen una práctica deliberada. Un esfuerzo. De hecho, la aspiración de estas es convertirse en hábito para que no gasten energía ni luchen —de forma directa o indirecta— contra nuestra voluntad. Batallas internas que, aunque se den únicamente dentro de ti, drenan tu energía vital.

La diferencia entre una rutina y un ritual es la actitud que hay detrás, o delante, de la propia acción. Si bien las rutinas pueden ser acciones que debemos realizar (como hacer la cama, lavarnos los dientes o ir al gimnasio), los rituales se consideran prácticas significativas, ya que tienen un sentido para ti. Y en ellos no es tan relevante el resultado final, sino el propio proceso: la experiencia. Por tanto, necesitan energía enfocada.

Intencionalidad

Si consideramos la intención como el motivo que hay detrás de un comportamiento, los hábitos, rutinas y rituales están impulsados por diferentes intenciones.

Los hábitos se desarrollan debido a la preferencia del cerebro por la conservación de energía. En lugar de buscar una nueva reacción para cada situación, el cerebro se basa en un comportamiento habitual. Este comportamiento puede convertirse en un hábito si se refuerza constantemente mediante desencadenantes y recompensas.

La mayoría de los hábitos no se forman con intención, sino por repetición. Quitarte los zapatos cuando llegas a casa, lavarte las manos o beber dos litros de agua al día son hábitos. Otros, como navegar por las redes sociales, se hacen sin pensar. Sin embargo, puedes aprovechar el poderoso ciclo de hábitos para introducir de forma intencionada comportamientos saludables y productivos a lo largo del día.

Las rutinas suelen estar diseñadas con intencionalidad. ¿Cuántas veces has leído sobre la rutina nocturna, los procesos creativos o la rutina de belleza de una *celebrity*? La razón por la que estos artículos se vuelven virales es que asociamos rutinas consistentes con éxito. Y es que tú eliges los pasos que componen tu rutina porque tienes la intención de trabajar para lograr un resultado específico: dormir mejor, sentirte inspirada o tener la piel hidratada.

Los rituales se diferencian de las rutinas y de los hábitos en que deben realizarse con intencionalidad. Si bien la intención de una rutina se basa en un objetivo tangible, la intención detrás de los rituales influye de una manera mucho más profunda e involucra pensamientos, emociones y comportamientos. Dado que los rituales están destinados a ser una experiencia significativa, simbólica, inmersiva y transformativa, no se automatizan. Luego te explicaré cómo hacerlo. Los beneficios emocionales y mentales de realizar rituales constituyen el incentivo orgánico de la propia naturaleza de la actividad: volver a ti.

	HÁBITO	**RUTINA**	**RITUAL**
CONSCIENCIA *Esencia*	*Inconsciente.* Los hábitos se hacen inconscientemente.	*Consciente.* Las rutinas se hacen conscientemente.	*Consciencia plena.* Los rituales se hacen con consciencia plena.
ENERGÍA *Cuerpo*	*Automático.* No gasta mucha energía, la preserva para lo importante.	*Planificada.* Para generar orden y paz mental; gasta energía.	*Detonado.* Los rituales requieren alta energía: consciencia de la acción (presencia) e intención.
INTENCIÓN *Mente*	*Intención para automatizar.* La intención del hábito es automatizar comportamientos saludables para preservar la energía cognitiva.	*Intención para generar un resultado concreto.* La intención de las rutinas es generar un objetivo o resultado concreto. Cuidar mi piel, mi energía matutina, etc.	*Intención para generar una respuesta emocional individual o colectiva.* La intención del ritual no es el resultado, sino el proceso: tener un momento de conexión individual o colectiva.

EL PODER INVISIBLE DEL RITUAL

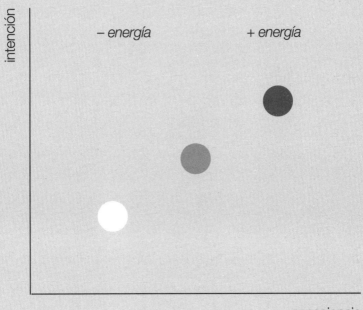

HÁBITO	RUTINA	RITUAL
Un hábito normalmente consiste en una única acción. *Ejemplo:* cepillarse los dientes.	Una rutina implica una serie de acciones, hábitos o rituales realizados en un orden particular. *Ejemplo:* tu rutina matutina.	Un ritual puede incluir una o más de una acción con una intención emocional nítida. *Ejemplo:* un abrazo de veinte segundos por la mañana antes del café.
Un hábito es bastante rígido, implica hacer lo mismo de la misma manera. *Ejemplo:* dejar los zapatos en la entrada de casa.	Una rutina puede ser más flexible y adaptable. Si bien a menudo incluyen hábitos o rituales específicos, las rutinas se pueden ajustar o modificar según sea necesario. *Ejemplo:* en mi rutina matutina, puedo modificar algún paso si hay un imprevisto, como que se haya acabado la leche de avena.	Un ritual presenta una estructura secuencial rígida (inicio, desarrollo, final), y a la vez es adaptable a aquello a lo que tú das relevancia y significado. *Ejemplo:* la ciencia detrás de un abrazo como ritual va más allá del gesto físico, pues es una sincronización profunda entre dos seres. Cuando nos abrazamos de forma consciente, los ritmos cardiacos y respiratorios tienden a alinearse, liberando oxitocina (la hormona del vínculo) y reduciendo el cortisol (la hormona del estrés).

Los hábitos se hacen inconscientemente.	Las rutinas se hacen conscientemente.	Los rituales se hacen con atención plena.
Los hábitos requieren poca energía.	Las rutinas requieren energía.	Los rituales requieren alta energía: acción consciente (presencia) e intención.
La intención del hábito es automatizar comportamientos saludables para preservar la energía cognitiva.	La intención de las rutinas es generar un objetivo o resultado concreto.	La intención del ritual no es el resultado, sino el proceso: tener un momento de conexión individual o colectiva.

LISTADOS

HÁBITO

Estiramiento matutino.
Meditación.
Hablarte bien.
Cepillado de dientes.
Desayuno saludable (si lo tienes bien organizado y es automático).
Hidratación.
Caminar o moverte a diario.
Diario de gratitud (si no hay esfuerzo cognitivo).
Lectura.
Respirar.
Ducha fría.

RUTINA

Rutina matutina.
Rutina productiva (trabajo y foco profundo).
Rutina de creatividad (nutrir proceso creativo).
Rutina de naturaleza.
Rutina de autocuidado.
Rutina deportiva.
Rutina nocturna.
Rutina entre semana.
Rutina de fin de semana.
Rutina de comida saludable.
Rutina de juegos en familia.

RITUAL

Los que ya tienes.
Los que necesitas.
Los que no sabías que podías crear.
Mis rituales esenciales.*

* Estos son los que quiero compartir contigo para que los integres en tu vida personal y profesional.

PREGUNTAS EFERVESCENTES

Toma consciencia de tus hábitos, rutinas y rituales.
¿Qué hábitos, rutinas y rituales iluminan tu vida?
¿Qué hábitos, rutinas y rituales oscurecen tu vida?
¿Qué nuevos hábitos podrían empezar por ser rituales?
¿Qué rituales pueden ser parte de tu rutina?

LA NEUROCIENCIA DEL RITUAL: ABC

A lo largo de este proyecto he ido compartiendo con las personas con las que suelo colaborar mi inmersión en el proceso creativo de este libro. Cuando estoy en un proyecto de tal magnitud, pasar de la pasión a la obsesión es un límite absolutamente imperceptible.

En el momento en que mencionaba mi involucración en esta aventura literaria, estas compañeras se emocionaban, lo veía en su cara (no hay nada mejor que estar rodeada de personas que sienten por ti en positivo), pero en cuanto explicaba que el libro se focalizaba en la práctica del ritual, veía cómo sus caras de alegría se desencajaban en rostros cubistas.

«¿Ritual? Gemma ha sido abducida por este movimiento del pensamiento mágico y misticismo positivista que reza el "deséalo muy fuerte y sucederá". Y en la que gran parte de la industria del *retail* se está sumando con narrativas superficiales para que compres más, no para que estés mejor».

No sé si lo sabes, llevamos de serie los subtítulos más honestos y asertivos que podamos imaginar: están en tu cara y tus microexpresiones faciales. Aunque tus palabras reafirmen lo contrario o sé te dé muy bien el póquer, tus ojos sentencian. Y yo soy una gran decodificadora de emociones.

Yo me defendía: «Sí, ritual, como una experiencia y práctica de alto componente emocional que puede proteger la conexión contigo y tu bienestar, potenciando tu liderazgo y transformando el ámbito corporativo en un espacio más humano y circular, respaldado por la neurociencia». Con esta respuesta, el escepticismo se transforma en curiosidad, mi emoción preferida.

Comprender el poder de lo invisible ha sido una pasión que me ha llevado a estudiar siempre más allá de la superficie y a darme cuenta de que, aunque todas nos creamos muy especiales, espóiler: por dentro somos iguales.

Pensar, sentir, actuar: es una decisión propia. Aunque estás hecha de todas las experiencias que has vivido —u omitido, conscientemente—, compartes hardware con el resto de la humanidad: el cerebro. Y es nuestro software el que añade esas capas de diferenciación a las experiencias vitales y que influencian: creencias, pensamientos, recuerdos, percepciones, emociones, palabras, hábitos e incluso comportamientos. Porque tú las escoges.

Eso es lo que hace que veas a Donald Trump en las noticias y se te atragante la cena preguntándote: «¿Qué comparto yo con esta especie?». La neurociencia nos acompaña a descubrir por qué a ti, a Trump y a mí nos beneficia el ritual.

El profesor y neurocientífico de Harvard Michael Norton, autor de *The Ritual Effect*, ha liderado múltiples investigaciones en los últimos cinco años que reafirman científicamente, y a prueba de escépticas, cómo los rituales son tan beneficiosos en nuestro día a día y tienen un profundo impacto en el cerebro y el cuerpo.

Estos estudios se han llevado a cabo a través de una combinación de técnicas científicas que permiten observar de qué forma las emociones, las respuestas fisiológicas y los comportamiento son influenciados por estas prácticas.

Yo podría preguntarte cómo te sientes después de tu ritual matutino. Y tú me dirás: «Mejor», «Igual que antes», «No siento nada nuevo» o «Peor».

Sin embargo, la neurociencia lo que hace es medir la actividad cerebral, la frecuencia cardiaca o los niveles de neurotransmisores —los mensajeros químicos del cerebro que pueden enviar señales excitatorias o inhibitorias— en sangre. Y, por tanto, comprende con nitidez los efectos de los rituales en el cuerpo y el cerebro. Independientemente de la persona y de nuestra propia percepción, que, en efecto, puede estar sesgada.

Mi propósito como divulgadora es hacerte fácil lo complejo y ayudarte a comprender los beneficios, basados en estudios científicos muy recientes validados por profesionales de la neurociencia de las más prestigiosas universidades de todo el mundo, que aportan los rituales. Y como soy así de maja, te he dejado todos los *papers* publicados bien referenciados en las notas a pie de página por si te apetece leer los artículos con más profundidad o quieres utilizarlos para legitimar las prácticas.

Es lo que yo he llamado el ABC de la neurociencia del ritual (atención, bienestar, conexión), para que comprendas con sencillez los beneficios de incluir el poder de los rituales en tu atención, tu bienestar y tu conexión contigo misma y con tu entorno. ABC.

Lo que más me fascina de estas prácticas es que son sumamente accesibles. Su facilidad de integración en nuestra vida diaria las convierte en herramientas poderosas que no requieren ni infraestructuras, ni materiales complejos, ni siquiera inversión económica. Un simple acto como una respiración profunda, encender una vela o practicar gratitud al final del día tiene efectos positivos medibles: reduce el estrés, mejora la concentración y fortalece la conexión con los demás. No hay duda, hay evidencias científicas que respaldan que estas prácticas pondrán fin a tus interferencias.

EL ABC DE LA NEUROCIENCIA DEL RITUAL

ATENCIÓN	BIENESTAR	CONEXIÓN
Foco Presencia Resiliencia	Calma Placer Certeza	Consciencia Intención Pertenencia

Los rituales potencian la atención, aumentan nuestro foco, presencia y resiliencia

La intención en un ritual es clave; es el punto de partida. Los rituales nos ayudan a proporcionar estructura, ordenación y foco a cualquier proceso de transformación, sea cómodo o incómodo.

¿Qué sucede exactamente en el cerebro cuando realizamos un ritual?

¿Existe algún beneficio más allá de hacer extraordinario lo ordinario o de marcar una ocasión?

La rutina y la cotidianidad van en piloto automático; ya sabes que el cerebro quiere ahorrar energía y fuel cognitivo, por si lo necesita. La propia estructura del ritual y su naturaleza repetitiva tienen un efecto calmante en el cerebro y en el cuerpo. Cuando la mente y el cuerpo están en presencia plena, el ritmo cardiaco disminuye y, por tanto, podemos enfocarnos en el aquí y el ahora.

El ritual, un medicamento para mejorar tu rendimiento, sin receta

En un estudio de 2016, varios investigadores e investigadoras demuestran, a través de una serie de experimentos, la eficacia de los rituales como una estrategia para mejorar el foco y, a la vez, lidiar con la ansiedad gracias a la presencia plena.* En uno de estos ensa-

---

* Alison Wood Brooks *et al.*, «Don't stop believing: Rituals improve performance by decreasing anxiety», *Organizational Behavior and Human Decision Processes*, 137, 2016, <https://www.sciencedirect.com/science/article/abs/pii/S074959781630437X>.

yos se pidió a ochenta y cinco estudiantes que cantaran delante de sus compañeros. A la mitad de ellos se les dijo que realizaran antes un ritual que los investigadores habían inventado, mientras que a la otra mitad se les pidió que lo hicieran sin preparación alguna. Aquellas personas que hicieron el ritual antes de cantar en público cantaron mejor, debido a que tenían un ritmo cardiaco significativamente más bajo. Pero lo más relevante de esta investigación, al menos para mí, es el poder de la creencia. Y es que mientras que a un grupo se les dijo que iban a realizar un «ritual» —utilizando el poder del propio vocablo—, al otro grupo se les omitió esta información, haciéndoles pensar que su comportamiento era del todo aleatorio.

Es decir, lo que crees influye en lo que sientes y en cómo actúas.

Yo, que imparto formaciones en las que enseño a hablar en público, siempre abandero la importancia de tener un ritual antes de impartir una charla. Una frase que potencie la creencia de que eres capaz y que vas a hacerlo lo mejor que sabes, por ahora. Aparte de estar bien hidratada, antes y durante la charla. Y es que hay que comprender lo que necesitan la mente y el cuerpo.

Las personas experimentamos ansiedad y nerviosismo ante lo nuevo o ante aquello en lo que nos sentimos expuestas, desde hablar en público hasta una primera cita. Cuando sentimos esa emoción incómoda antes o durante una presentación, o una actuación en el caso de una artista, la ansiedad perjudica el resultado. La atención mejora la concentración, y si estamos centradas, seguramente seremos más productivas y más conscientes de dónde ponemos la energía.

El estudio al que me he referido un poco más arriba me llevó a reflexionar sobre muchos rituales que he realizado en mi vida, que he visto en mi casa y que practico yo misma con mi hijo. Pienso en las velas que he puesto y en las que ha puesto mi madre. Siempre que tenía un examen importante, ella me ponía una vela; con el paso de los años, y con el avance de la tecnología, lo que hacía era mandarme una foto de esa vela. Nunca se me hubiera pasado por la cabeza ir a un examen universitario sin estudiar —menudo despilfarro de energía, dinero y tiempo—, pero la vela era una señal de «Confío en ti», o yo lo entendía así. Cuando alguna amiga pasa por un mal momento, aparte de estar con ella, le pongo una vela —siempre de soja— y le mando la foto.

Piensa en el poder de las narrativas y de las creencias que estas generan. Yo pienso en muchas, pero sobre todo en *El hilo invisible* de Miriam Tirado. He leído este libro infantil en modo ritual noche tras noche. Y es oro, porque nos ayuda a acompañar a los pequeños y pequeñas con amor en las pérdidas o momentos negativos. El hilo invisible une a las personas que quieres desde su ombligo al tuyo. Mi hijo sabe que, cuando me necesite, aunque yo no esté a su lado, puede tocarse el ombligo y sentirme. ¿Hay algo más poderoso que combatir la soledad con narrativas y rituales?

No lo digo yo, lo dice la ciencia: los rituales potencian la resiliencia

En esta área, otro estudio neurocientífico ha aportado una nueva mirada sobre cómo los rituales afectan a la respuesta del cerebro al fracaso.* En él se investigó la «negatividad relacionada con el error» (ERN), una señal cerebral que ocurre cuando cometemos fallos. Los participantes que realizaron rituales mostraron una ERN reducida, lo que sugiere que los rituales ayudan a procesar mejor el fracaso emocionalmente.

---

* Nicholas M. Hobson, Devin Bonk y Michael Inzlicht, «Rituals decrease the neural response to performance failure», <https://michaelinzlicht.com/publications/articles-chapters/tag/ERN>.

Los rituales mejoran la percepción de control y orden, aumentando la confianza y la calma antes de realizar tareas complejas. Unos beneficios vitales en entornos empresariales exigentes donde la incertidumbre y la presión son constantes.

La neurociencia explica que los rituales ayudan, con prácticas ancestrales, a abordar retos del mundo actual enfrentándonos mejor al fracaso. Fracasar sería aquí no conseguir lo que una quiere a la primera, pero para mí fracasa quien no lo intenta.

Fomentar una cultura que valore las prácticas ritualistas para mejorar el rendimiento personal o colectivo es algo que hay que tener en cuenta. Ya sean rituales para celebrar hitos, reconocer logros individuales y de equipo, o procesos de reflexión tras la finalización o los resultados no esperados de un proyecto.

No he empezado nunca un evento presencial, sea del tamaño que sea, sin un abrazo de equipo y unas palabras para anclar la intención del día, en algunos proyectos incluso con grito incluido: «¡Vamos!». Este pequeño ritual simboliza un «nos tenemos», y ocurra lo que ocurra saldrá genial si nos lo pasamos bien y nos cuidamos entre todas. Ese momento es un anclaje de foco, de reconocimiento, de circularidad, de honrar al grupo, y primará toda la experiencia cuando haya un reto o algo inesperado.

Los rituales potencian el bienestar (emocional, psicológico y la salud mental), neutralizando emociones incómodas

Lo veíamos en los estudios anteriores como una consecuencia directa de estar concentradas. Si mi cuerpo y mente no se sienten amenazadas, me siento mejor y, por tanto, rindo mejor. Ya sea la presión para alcanzar objetivos, los nervios antes de una gran reunión o la sensación de ansiedad cuando se está generando un conflicto con otras personas, se ha demostrado que los rituales reducen los niveles de estrés en una amplia gama de contextos.

Un estudio realizado por la Harvard Business School descubrió que las y los artistas tienen una frecuencia cardiaca reducida, por lo que experimentan menos ansiedad y disfrutan más de su actuación después de haber completado un ritual previo a salir al escenario. ¿Superstición? ¿Neurosis? Yo creo que en realidad se trata de abrazar un estado de consciencia emocional incómodo (miedo) y llevarlo a uno más cómodo (la calma y la confianza, o «todo irá bien»).

La previsibilidad genera felicidad

El psicólogo e investigador Nick Hobson ha formulado, a través de sus estudios, una teoría simple sobre cómo el ritual es eficaz para combatir las emociones negativas, aunque a mí me gusta más llamarlas «incómodas»: la previsibilidad genera felicidad.

Este estudio es realmente relevante por su enfoque, ya que el ritual había sido estudiado desde perspectivas socioculturales, sin prestar demasiada atención a los procesos psicológicos que intervienen en él. Hobson analiza esta práctica desde un punto de vista nuevo que abraza desde la psicología social o la ciencia cognitiva hasta la antropología, la economía del comportamiento y la neurociencia, y esto supone una nueva mirada.

Su investigación destaca que los rituales calibran y regulan nuestras emociones, lo que tiene un efecto en nuestro desempeño e incluso en las relaciones que tejemos.*

Hobson explica en ese estudio muchos de los beneficios de los rituales en este marco psicológico y su relevancia, ya que lo que pensamos afecta a lo que sentimos y, en última instancia, reafirma lo que hacemos.

Te resumo los beneficios del ritual que considero más relevantes para tu bienestar y mantener la ansiedad a raya:

- Bloquea pensamientos intrusivos y ansiosos.
- Aguza la atención, lo que lleva a una mayor participación e inmersión en la actividad.
- Satisface la necesidad de orden, amortiguando la incertidumbre y restableciendo sentimientos de pérdida de control.
- Coordina la sincronía conductual, que genera percepciones de unidad y cohesión grupal.
- Aumenta la confianza, iniciando la creencia de que el éxito en el desempeño de la tarea posterior también es probable.
- Construye lealtad, ayudando a promover la confiabilidad y la afiliación grupal.
- Potencia la creación y transferencia de significado, lo que da pie a sentimientos de unidad compartida.
- Atribuye gran valor al estado motivacional deseado, de modo

---

* Nicholas M. Hobson *et al.*, «The Psychology of Rituals: An Integrative Review and Process-Based Framework», *Personality and Social Psychology Review*, 22(1), 2017, <https://www.researchgate.net/publication/321039808_The_Psychology_of_Rituals_An_Integrative_Review_and_Process-Based_Framework>.

que aumenta la probabilidad de completar con éxito el objetivo planteado.

En definitiva, la regulación emocional es uno de los aspectos más importantes de los rituales, y la neurociencia ha demostrado cómo estas prácticas simbólicas influyen en el cerebro para ayudarnos a gestionar y estabilizar las emociones.

Los rituales aumentan la conexión, ya sea contigo misma, con la tribu (familia, amistades, equipo profesional) e incluso social

«El hombre se alimenta no solo de proteínas, grasas y carbohidratos, sino también de símbolos, mitos y fantasías», decía el antropólogo Claude Fischler.

El sentido de pertenencia es uno de los más viscerales y ancestrales. Somos animales de tribu. Los rituales nos ayudan a mejorar la cohesión social, ya que su primer propósito en la mayoría de los casos es alinear el sistema de creencias con el grupo. Además, generan vínculo, complicidad o cultura, dependiendo del contexto.

El amor no está en el aire, está en los rituales

Hace justo quince años, mi entonces recién estrenado marido y yo decidimos que, para finalizar nuestra ruta en autocaravana por Nueva Zelanda, hacer puenting juntos era lo más romántico del mundo, el colofón de nuestra luna de miel. Mientras escribo estas líneas, me sube la adrenalina y me sudan las manos. No tengo ningún interés en volver a repetir ese ritual, es uno de esos de «una vez en la vida», pero lo recuerdo como algo que solamente entendemos él y yo. Y así está bien. Es imposible olvidarlo, creo que hasta lo tenemos grabado en un DVD. Pensándolo mejor, sí, lo repetiría.

Según un estudio de 2019, las parejas que practican rituales en sus relaciones manifiestan emociones más positivas y mayor satisfacción y compromiso en ellas que las que no los practican. Sin embargo, los beneficios se acumulan solo para aquellas parejas que lo consideran un ritual simbólicamente significativo. Si solo lo ve una de las dos personas, mal.*

LOS RITUALES MEJORAN LAS VACACIONES

Una familia es familia por sus propios rituales. Y es que está claro que los rituales familiares definen la identidad y pertenencia, aunque a ratos queramos alejarnos de ella. Tres estudios han probado la relación entre los rituales familiares y el disfrute de las fiestas, y han demostrado que los rituales familiares mejoran las vacaciones porque amplifican la cercanía entre sus miembros y la participación en la experiencia.

Hace tiempo que, en Navidades, a través de unas cartas que he llamado XOW, promuevo la iniciativa de crear nuevas tradiciones significativas para cada familia en esas fechas. ¿Y si más allá de las comidas y regalos puedes crear una actividad que realmente os conecte? ¿Y si cambias el regalo del amigo invisible por una pregunta que dejas debajo de cada plato? ¿Y si propones que cada invitada

---

* Ximena Garcia-Rada, Ovul Sezer y Michael I. Norton, «Rituals and Nuptials: The Emotional and Relational Consequences of Relationship Rituals», *Journal of the Association for Consumer Research*, 4(2), pp. 185-197, <https://doi.org/10.1086/702761>.

traiga algo cocinado de un color concreto? Pues bien, la ciencia está conmigo.

Tres investigaciones más han probado la relación que existe entre los rituales familiares y el disfrute de las fiestas, demostrando que estos mejoran las fiestas porque amplifican la cercanía familiar y la participación en la experiencia.* Aunque te recuerdo que la familia es también quien tú decides.

Los rituales en el trabajo: el sentido de equipo

Los rituales sirven como pegamento social que cohesiona nuestras identidades y valores colectivos, para bien o para mal. Mientras las normas crean orden, los rituales generan sentido. ¿Y qué beneficios generan?

Según varios estudios, los rituales actúan como catalizadores de transformación en el entorno laboral.** En primer lugar, aumentan el significado de las tareas al convertir acciones ordinarias en experiencias con propósito y sentido. Más allá de la tarea en sí, el ritual genera un marco de significado que eleva lo cotidiano a lo significativo. También mejora el comportamiento y el compromiso, fomentando acciones voluntarias que benefician al colectivo sin esperar recompensa directa. Los rituales crean un sentido de pertenencia que motiva a las personas a contribuir más allá de sus responsabilidades formales. Además, tejen una red invisible de conexiones sig-

---

* Ovul Sezer et al., «Family Rituals Improve the Holidays», *Journal of the Association for Consumer Research*, 1(4), 2016, <https://www.hbs.edu/faculty/Pages/item.aspx?num=51423>.

** Tami Kim et al., «Work Group Rituals Enhance the Meaning of Work», *Organizational Behavior and Human Decision Processes*, 165, 2021, <https://www.hbs.edu/ris/Publication%20Files/Work%20group%20rituals%20enhance%20the%20meaning%20of%20work_f16ec05d-eecb-48c2-b13a-bb09fe166dbe.pdf>.

nificativas entre los miembros del equipo, construyendo vínculos más profundos y duraderos. Y estar bien siempre significará contribuir mejor.

Finalmente, incrementan el compromiso con el trabajo al conectar las tareas diarias con un propósito mayor. Los rituales ayudan a las personas a ver su trabajo no solo como un medio para un fin, sino como una expresión de valores y significados compartidos.

PORQUE TU CEREBRO ADORA LOS RITUALES

Los hábitos nos hacen la vida más fácil.
Los rituales nos hacen la vida más significativa.

Más que simples acciones repetitivas, los rituales son herramientas poderosas capaces de moldear lo que piensas, lo que sientes y lo que haces.

¿Por qué tu cerebro adora los rituales? Porque nos ayudan a prevenir sesgos cognitivos y crear una mentalidad optimista, porque nos facilitan que apaguemos el piloto automático y encendamos la presencia consciente y porque, además, hacen que podamos regularnos a nivel emocional para dejar de reaccionar y empezar a accionar. Casi nada.

La neurociencia nos revela hoy lo que la sabiduría antigua siempre supo: **los rituales son puentes entre quiénes somos y quiénes podemos llegar a ser.**

Páginas atrás explorábamos, a través de varios estudios, cómo los rituales no solamente protegen tu atención, sino que mejoran tu bienestar y rendimiento y te conectan contigo o con otras personas. Pero ¿cómo sucede esto? ¿Qué necesita el cerebro para cambiar?

Prevención de sesgos cognitivos y creación de una mentalidad optimista

A tu mente le encanta tener la razón. Si tú te dices que hoy ha sido un mal día, tu mente va a encontrar evidencias constantes y variopintas a lo largo de todo la jornada de que así ha sido.

Horrible. Dramático. Ca-tas-tró-fi-co.

Y, además, tu mente se esforzará en que tu optimismo se desvanezca.

Le encanta «telecinquear» y también tiende a autoconfirmarse, en bucle.

Te presento al sesgo de confirmación y al sesgo de negatividad, dos de los filtros con los que convivimos y que determinan nuestras experiencias vitales.

El primero es nuestra tendencia a interpretar y buscar evidencias de acuerdo con nuestras creencias o valores, independientemente de que sean verdad o mentira. Tu mente lógica siempre les dará apoyo incondicional a tus creencias, creas lo que creas, a no ser que tú decidas cambiarlas. Esto ocurre de manera inconsciente y limita tu capacidad para ver la realidad como es en realidad, ya que se seleccionan solo los datos que refuerzan las ideas o prejuicios que ya se tienen.

El algoritmo de la mayoría de las redes sociales funciona de esta forma, tan solo te muestra aquello que te agrada, de acuerdo con tu comportamiento ante una publicación determinada. Pusiste ese *like* a un perrete un día de bajona y ahora te persiguen los cachorros. Eso hace que tu experiencia no tenga nada que ver con la de otra persona.

Y te lleva a tener una visión reduccionista del mundo absolutamente sesgada.

En cambio, el sesgo de negatividad es la inclinación natural del cerebro humano a prestar más atención y dar mayor peso a los estímulos negativos que a los positivos. Este tiene raíces evolutivas, ya que el cerebro está diseñado para detectar amenazas y peligros con el fin de sobrevivir. Pero nos lleva a interpretar las situaciones ambiguas de modo pesimista y a darles más importancia a los comentarios o eventos negativos que a los positivos. Por ejemplo, puedes recibir diez elogios y una crítica, y tu mente se centrará sobre todo en el reproche. ¿Te sucede? No eres tú, es tu cerebro. Sin embargo, no detectarlo puede ser muy dañino para tu salud mental y para tu vida en general, puesto que tus creencias potencian o contraen tus acciones.

Las personas tenemos aproximadamente de doce mil a sesenta mil pensamientos al día. De estos, casi el 80 por ciento son negativos. Y de estos, el 95 por ciento son repetitivos.* Eso significa que tienes una media de cuarenta y cinco mil pensamientos negativos al día, en bucle. Demencial.

Ahora que conoces bien estos dos sesgos, ¿puedes reconocerlos en tu cotidianidad?

Entre tú y yo, estos sesgos me generan un estrés que he tenido que domar, pues, cada vez que voy al parque, pienso que alguien va a secuestrar a mi hijo, y mientras padres y madres se relacionan, yo sigo conversaciones en las que no puedo participar porque, en secreto, estoy vigilando con el rabillo de mi ojo ninja a mi sucesor. Solamente cuando eres consciente de que estás en un *loop* de pensamientos de mierda, puedes empezar a desatascar.

Lo más increíble es que, cuando creas esas ideas en tu mente o les das espacio a esos pensamientos, la emoción aflora, y tu cuerpo le sigue también adoptando una postura, un lenguaje corporal y un comportamiento que lo reafirman.

---

* Según una investigación liderada por la National Science Foundation, <https://www.researchgate.net/publication/315803991_The_One_Second_Brain_Thought>.

Algo va a pasar.
¿Oyes la música de tensión?
Pues apágala.
Porque la has encendido tú, no yo.

Tu cerebro está lleno de sesgos automáticos, muchos de los cuales limitan tu capacidad de ver las cosas desde una perspectiva más abierta y optimista. Los rituales interrumpen estos patrones mentales y crean nuevas vías neuronales, creando pausas conscientes ayudándote a prevenir esos sesgos inconscientes y limitantes, y a redirigir tus pensamientos hacia una mentalidad más optimista, positiva y posibilista.

Esa práctica —sea una respiración, una canción o un paseo— te ayuda a ver oportunidades donde antes solo veías problemas, transformando tu enfoque ante la vida.

Tu cerebro es de plástico y, por tanto, moldeable

El hallazgo más destacable de la neurociencia es el concepto de plasticidad cerebral o neuroplasticidad. Contrariamente a creencias anteriores de que la estructura del cerebro se fijaba después de cierta edad, ahora se sabe que este es moldeable como la plastilina y puede cambiar a lo largo de la vida. Se trata de una noticia espectacular. ¿Y cómo podemos reprogramarlo?

La neuroplasticidad es la capacidad del cerebro para cambiar y adaptarse a lo largo de la vida. Y para que se produzcan estos cambios te voy a dar una fórmula sencilla que no encontrarás en el diccionario de la RAE, aunque rezan los mismos vocablos:

Neuroplasticidad = Repetición + Atención + Emoción

La neurogénesis, en cambio, es el proceso de crear nuevas neuronas, mientras que mediante la neuroplasticidad es posible cambiar las conexiones entre las neuronas ya existentes.

La neuroplasticidad, igual que la neurogénesis, participa en la capacidad del cerebro para aprender, adaptarse e incluso transformarse como consecuencia de las experiencias vividas. Esto significa que se pueden formar nuevas conexiones neuronales y que las existentes pueden fortalecerse o disminuir en número en función de nuestras experiencias.

Y para mí reza un mantra que me encanta: no tienes que encontrarte cuando puedes crearte.

Los rituales son mucho más que simples acciones repetitivas; son herramientas poderosas para la transformación personal, respaldadas por la ciencia de la neuroplasticidad. Tu cerebro tiene una capacidad asombrosa para reorganizarse y crear nuevos patrones, especialmente cuando combinas tres elementos clave: la repetición consciente, la carga emocional significativa y la atención profunda y sostenida.

A través de los rituales, serás capaz de transformar:

- **Creencias** que te limitan o te anclan a viejas formas de pensar, de modo que podrás expandir tu visión y mentalidad.
- **Emociones** incómodas estancadas que han sido acumuladas o mal gestionadas, para que desarrolles más inteligencia emocional.
- **Narrativas** limitantes que has contado sobre ti misma y tu realidad, y crear así nuevos significados empoderados.
- **Patrones de comportamiento**, rompiendo hábitos automáticos no deseados que parecían estar grabados en tu identidad, e instaurar nuevos comportamientos alineados.

Con el tiempo, los rituales crean nuevas conexiones cerebrales que te liberan de viejos patrones y te alinean con esa versión auténtica y en constante evolución.

UN BUCLE QUE MOLDEA

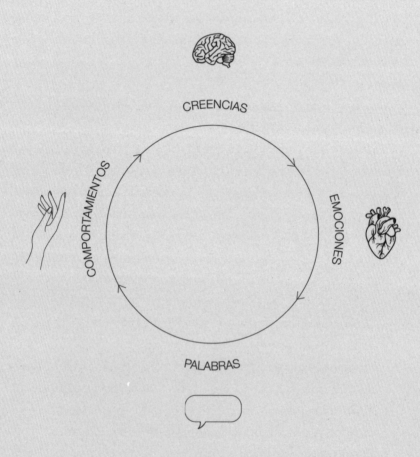

LO QUE CREES MOLDEA LO QUE SIENTES, LO QUE DICES Y LO QUE HACES

Regulación emocional: desactivando el secuestro de la amígdala

Los rituales nos piden que involucremos en ellos la corteza prefrontal para organizarnos, concentrarnos y enfocarnos en la tarea que tenemos entre manos y, así, darles al cerebro y al cuerpo un descanso de cualquier emoción intensa que puedan estar experimentando.

Cuando activamos la parte frontal del cerebro, podemos reducir la actividad intensa de la amígdala para ayudarnos a permanecer en calma. Cada vez que desviamos la atención del cerebro límbico a la corteza prefrontal, nos estamos haciendo un favor para liderar desde la calma. No es que los rituales nos pidan que neguemos las emociones, sino que crean un contenedor para procesarlas.

Cuando te enfrentas a situaciones de estrés o drama, tu amígdala, la parte del cerebro responsable de gestionar el miedo y las emociones intensas, puede secuestrarte, llevándote a reacciones impulsivas y descontroladas. Ante estas situaciones, los rituales actúan como un sistema regulador emocional que:

- Desactiva el secuestro emocional de la amígdala, devolviéndote el control sobre tus respuestas.
- Te permite recuperar la calma y la claridad, incluso en medio de la tormenta.
- Crea un espacio de introspección para que puedas procesar tus emociones de manera saludable y constructiva.

La próxima vez que estés inmersa en un ritual o que crees intencionalmente uno, ya sea público o privado, personal o basado en una actuación colectiva, debes saber que tu cerebro está trabajando contigo para crear una sensación de calma, control y paz regulados.

Eres lo que repites a diario: ¿accionas o reaccionas?

Hace cuatro años me cambié de piso. La mudanza fue dramática, no conozco ninguna que no lo sea. Pero lo realmente problemático fue llegar a nuestra nueva casa durante el mes siguiente. Nos mudamos a la calle de arriba. Misma ruta, mismo hábito.

Durante las semanas posteriores a la mudanza, estuve conduciendo en modo automático y sin pensar hasta mi antiguo piso. Fascinante. A veces no me daba cuenta de que ya no vivía allí hasta que bajaba de la moto. Otras, me tronchaba de risa por mi equivocación. Las últimas, ya me preocupaba. «¿Qué pasa con mi cerebro, que no retiene esta información tan básica?», imploraba.

Eres lo que repites a diario. La mayoría de nuestros comportamientos están liderados por la mente inconsciente, y cambiarlos requiere un esfuerzo energético inmenso.

El verdadero liderazgo personal comienza con una distinción fundamental: concentrar tu energía en aquello que está bajo tu control y hacer consciente lo que opera de manera automática.

En el día a día, muchas veces nos encontramos reaccionando a problemas, presiones y conflictos, sin percatarnos de que estamos cediendo la soberanía de nuestras acciones. Aquí es donde entra en juego la habilidad de accionar de forma consciente en lugar de reaccionar impulsivamente.

El verdadero liderazgo no reacciona a cada estímulo o reto, sino que acciona de modo consciente desde un lugar de claridad y soberanía. En un mundo donde la inmediatez y la reactividad son la norma, mantener este espacio de poder personal se convierte en un acto revolucionario.

Cuando reaccionamos, cedemos nuestro poder a las circunstancias externas. Cada notificación, cada urgencia, cada expectativa ajena nos aleja de nuestro centro. Pero a través de los rituales y prácticas para conectarte, puedes fortalecer tu capacidad para liderar con propósito, mantener el control sobre tus decisiones y responder a los desafíos desde un espacio de poder personal.

REACCIONAR ES:

- Dejarse llevar por el piloto automático.
- Responder desde el impulso, el caos y la urgencia.
- Permitir que las circunstancias dirijan tus decisiones.
- Dispersar tu energía en múltiples direcciones.

ACCIONAR ES:

- Elegir conscientemente tus respuestas desde la serenidad.
- Actuar alineada con tus valores.
- Invertir tu energía con intención.
- Liderar desde tu poder personal con consciencia y coherencia.

No podemos controlar el clima, pero sí cómo nos sentimos al respecto.

No sabemos qué va a pasar con el cambio climático, pero podemos hacer cuanto esté a nuestro alcance para reducir nuestra huella de carbono personal.

No podemos obligar a alguien a comportarse de cierta manera, pero podemos elegir cómo reaccionamos ante su comportamiento.

Puedes cambiar la reacción por la acción consciente.

Puedes cambiar tus narrativas para ser soberana de lo que sale de tu boca.

Puedes cambiar tu actitud y comportamiento para estar alineada con tu acción.

El verdadero liderazgo no reacciona a cada estímulo o reto, sino que acciona de forma consciente desde un lugar de claridad y soberanía.

A través de los rituales y prácticas puedes fortalecer tu capacidad para liderar con propósito, mantener el control sobre tus decisiones y responder a los desafíos desde un espacio de poder personal.

Tu cerebro cree aquello que le dices constantemente.

Esto no es ciencia ficción, es un hecho científico.

Toma consciencia. ¿Qué le dices? ¿Qué accionas y qué reaccionas?

¿QUÉ CONTROLO REALMENTE?

El presente.

Mis ritmos.
Mis creencias.
Mis pensamientos.
Mis acciones y reacciones.
Mis palabras.
Mis emociones.
Mi esfuerzo.
Mi actitud.
Mi energía.
Mis valores.
Mis expectativas.
Las personas que quiero en mi vida.
Mis límites.
Mis prioridades.
A qué destino mi energía.
Cómo me hablo.
Cómo trato a los demás.
Qué objetivos me pongo.
Cómo me adapto a los desafíos.
Cómo me cuido.
Reflexiona: _____

¿QUÉ ESCAPA DE MI CONTROL?

El pasado.
El futuro.

El resto:
Las acciones y reacciones de otras personas.
Las opiniones de los demás.
Los pensamientos de otras personas.
Lo que sucede a mi alrededor.
Los resultados en aquello que pongo esfuerzo.

LO QUE NO CONTROLAS QUE NO TE CONTROLE

NO CONTROLO
EL RESTO

CONTROLO
MIS CREENCIAS.
MIS PENSAMIENTOS.
MIS ACCIONES Y REACCIONES.
MIS PALABRAS. MIS EMOCIONES.
MI ESFUERZO. MI ACTITUD. MI ENERGÍA.
MIS VALORES. MIS EXPECTATIVAS. LAS
PERSONAS QUE QUIERO EN MI VIDA. MIS
LÍMITES. MIS PRIORIDADES. A QUÉ DESTINO
MI ENERGÍA. CÓMO ME HABLO. CÓMO
TRATO A LOS DEMÁS. CÓMO ME CUIDO.
QUÉ OBJETIVOS ME PONGO. CÓMO
ME ADAPTO A LOS DESAFÍOS.
MIS RITMOS.
presente

pasado   *futuro*

Si quieres aprovechar al máximo el poder de los rituales para la reconfiguración del cerebro, debes saber que la constancia es clave, así que busca formas de incorporar pequeños rituales a tus rutinas. Ya sea una práctica de gratitud nocturna, un ritual de reflexión vespertino o una rutina semanal de autocuidado, incorporar estos momentos intencionales a tu vida día a día creará un efecto dominó de crecimiento y transformación.

Eres lo que repites y practicas a diario: creencias, pensamientos, comportamientos, actitudes, excusas, narrativas, emociones. Elige bien.

De ahí la importancia de poner consciencia a los hábitos, rutinas y rituales que practicas.

Un ritual nunca falla, nunca genera sentimientos de culpabilidad. Siempre te está esperando para devolverte tu poder.
Las cenizas empezaron a transformarse en semillas.

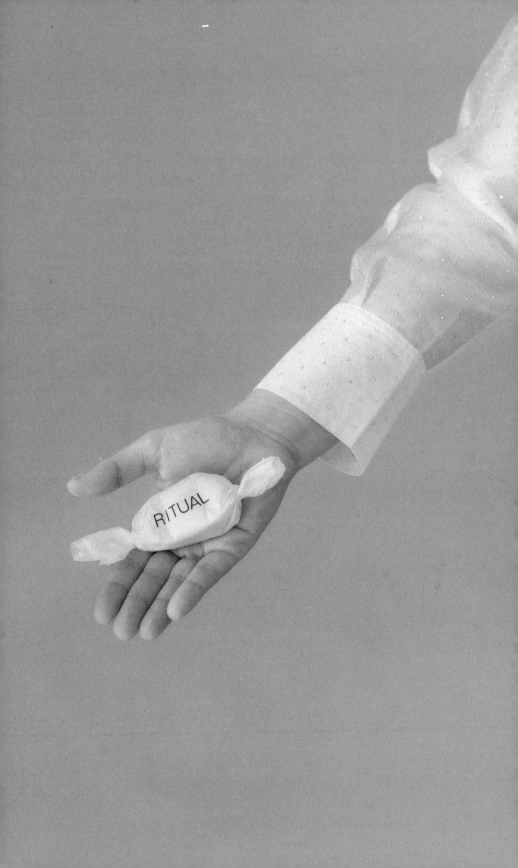

ERES
LO QUE
repites
A DIARIO.

04

SÉ UNA REBELDE CON *pausa*

En este capítulo me han acompañado...
NEW ME | SEN SENRA
ENERGY | BEYONCÉ & BEAM
OMEGA | ROSALÍA, RALPHIE CHOO

El catalizador más poderoso de un ritual es la propia necesidad emocional.

Recuerdo sentir la ansiedad a temprana edad. La adolescencia encendió mis demonios más exigentes. Y también recuerdo que sabía perfectamente lo que necesitaba para volver a mí.

No importaba si tenía un mal día, o si no me entraban las potencias aliadas de la Segunda Guerra Mundial; me encerraba en mi habitación de cinco metros cuadrados, me ponía los calentadores dejando el empeine al descubierto para deslizarme y frenarme con control y callo, y abría la puerta del armario donde tenía un espejo de cuerpo entero. Y ahí, sin saberlo, empezaba mi ritual.

Bailaba para volver a mí. Fuerte, suave, salvaje o delicada. Después de unas cinco canciones, mi habitación se transformaba en una sauna donde toda la ansiedad, el enfado o la frustración se evaporaban y fundían al compás mientras los cristales de mi ventana se empañaban. Empeñada en que tenía que regresar a aquello que había dejado a medias. Sin ser consciente de que ese ritual, que se convirtió en hobby e incluso en negocio —en otra vida fui profesora de jazz, aeróbic y funky—, me ayudó a calibrarme en una de las etapas más complejas y vulnerables de la vida.

Cuando me divierto, cuando siento ligereza, cuando me permito jugar, cuando la inspiración me penetra, no hay presión, ni *deadlines*, ni ego. Hay imaginación, hay colaboración, hay ilusión y hay una intencionalidad emocional: quiero sentirme bien. Quiero volver a mí. Y solo tú conoces el camino de vuelta. Esto es ser una rebelde con pausa.

Te invito a que hagas exactamente lo mismo.
Y es que estás a un ritual de traerte de vuelta.

APAGA EL WIFI, ENCIENDE EL MIFI

Y tú ¿qué haces el próximo 8 de enero? Yo, ni idea. Pero Isabel Allende inicia la escritura de un nuevo libro siempre en esa fecha. Refugiada y exiliada de la dictadura de Pinochet, el 8 de enero escribió una carta a su abuelo enfermo que acabó convirtiéndose en su primera e icónica novela: *La casa de los espíritus*, y el azar, la tradición o su propia convicción transformaron ese acto en un ritual.

Maya Angelou, escritora, poeta, activista afroamericana, cada mañana bien temprano huía a escribir a su oficina improvisada: una habitación de hotel libre de distracciones. Honraba y adoraba su atención como su bien más preciado. Ella es la autora de la cita que más he repetido en mi vida: «La gente olvidará lo que dijiste, olvidará lo que hiciste, pero nunca olvidará cómo la hiciste sentir». Esta frase está instaurada en mis creencias y opero profundamente desde ahí.

Pina Bausch fue una visionaria que no solo dejó una marca indeleble en el mundo de la danza, sino que revolucionó la forma en la que experimentamos ese arte. Su enfoque fusionaba el baile con movimientos inesperados que expresaban las complejidades emocionales y psicológicas de la condición humana. Leyendo su historia me sorprendió el ritual de su proceso creativo, ya que creaba coreografías a partir de las respuestas que le daban las bailarinas. Cuando una es pionera, lo es en todo. La cocreación, que ahora está de moda, solo es para valientes.

Cinco años antes de que Vasili Kandinsky publicara *De lo espiritual en el arte*, la pintora sueca Hilma af Klint ya había creado sus primeros cuadros abstractos. De hecho, esta llamada mística a pintar en ese estilo nace de uno de los rituales de su propio proceso creativo. En 1896, a través de un pequeño círculo artístico, junto a otras cuatro amigas artistas, que bautizaron como De Fem. Practicaban sesiones de meditación y espiritismo todos los viernes para entrar en contacto con guías espirituales de otras dimensiones que les enviaban mensajes que ellas reflejaban a través de la pintura y la escritura automáticas.

¿Qué tienen en común estas mujeres, aparte de dejar un legado artístico inmenso? Que utilizan el ritual para conectarse a ellas. Esto es lo que yo llamo «apaga el wifi y enciende el mifi». **Conoce lo que te renueva y abraza el ritual como una estrategia regenerativa.**

Distracciones, notificaciones, exigencias, ruido externo, cambio de tareas constantes. ¿Cómo rompemos este ciclo de hiperconectividad? La respuesta está en aprender a «apagar el wifi» de nuestra mente: reducir el ruido digital y las distracciones que nos alejan de nuestro bienestar y nuestra capacidad de pensar con claridad. Y encender el «mifi»: una conexión interna que te permite regenerar tu energía, recargar tu creatividad y reconectar con lo que realmente te enciende, sin quemarte.

Estas prácticas, aunque puedan parecer improductivas, son las que realmente potencian nuestra capacidad para pensar de manera clara y enfocada. Las que te ayudan a volver a ti estés en un buen o mal momento. Estas pausas no son ningún lujo, sino una necesidad física y emocional, vital. Aunque nos han enseñado a ver el descanso como un signo de debilidad o incluso de falta de ambición, la neurociencia ha demostrado que el cerebro no está diseñado para operar sin parar. Al igual que los músculos, necesita alternar entre periodos de esfuerzo y recuperación.

Apagar el wifi y encender el mifi es un acto revolucionario en la era de la hiperconectividad: implica elegir de forma consciente desconectarte del ruido externo para reconectarte con tu sabiduría interior.

Apagar el wifi significa pausar la reactividad constante a estímulos externos y silenciar el ruido de las notificaciones y demandas ajenas, mientras que encender el mifi supone activar tu conexión interna y despertar tu poder personal. La intuición y la imaginación son herramientas infalibles para encender el mifi, la banda ancha de conectividad contigo misma, pues son profundamente humanas. En el capítulo 6 verás que he sumado otras habilidades que te ayudarán a tenerte cerca con amabilidad e inteligencia.

Esta reconexión te permite regenerarte, recuperando tu energía vital y claridad mental, y contribuir mejor desde una mayor creatividad y productividad consciente. Los rituales son el interruptor que facilita esta transición: de la dispersión a la presencia, del ruido a la claridad, de la reacción a la acción consciente, del hacer al ser creativo.

CUANDO EL WIFI DOMINA	CUANDO EL MIFI ESTÁ ENCENDIDO
Desconectada. La dispersión y el **ruido externo** te alejan de ti, perdida en un mar de información y estímulos constantes.	*Conectada.* La conexión contigo se convierte en tu **brújula interior**, tu ancla en medio del ruido del mundo. Es tu capacidad de escucharte y honrar tu sabiduría.

La **reactividad automática** te desconecta de tus prioridades, límites y a veces incluso de tus propios valores.	**M**	*Mindfulness*, de la reacción a la presencia: La consciencia plena te permite pausar, responder en el momento presente con claridad y **acción consciente**.
Tu **energía se drena** constantemente y buscas el chute de dopamina barata que sube, pero no nutre.	**I**	**Intención. De la inercia a la intención:** Cultivas tu **soberanía energética** reconociendo cuándo necesitas pausar y cuándo potenciar. Aprendes a calibrarte y regenerarte, protegiendo tu energía como el recurso sagrado que es.
Acciones sin dirección ni propósito. Decisiones basadas en expectativas externas. Trabajo sin conexión con valores personales. Acumular experiencias sin integrarlas.	**F**	**Foco en lo significativo:** Se trata de crear una vida significativa para ti, alineada con tus valores más profundos. Es la práctica de conectar tus acciones con tu propósito. Tomar decisiones desde tus prioridades vitales. Construir tu legado a través de lo cotidiano. El foco en el significado es el arte de crear una vida que te importe, tanto para ti como para aquellos que te rodean.
El resultado es un **impacto superficial**, acciones sin profundidad ni propósito real.	**I**	**Impacto auténtico: influencia desde la esencia.** Tu contribución fluye desde tu autenticidad, creando valor real y transformación significativa. Contribución e **impacto significativo**, y desde la autenticidad.
Liderego: desempoderamiento personal. Lideras para agradar e impresionar.		**Liderazgo:** poder personal. Lideras para contribuir y generar valor desde quien realmente eres.

APAGA EL WIFI

ENCIENDE EL MIFI

¿Qué rituales necesitas para potenciar y expandir tu poder personal?

El poder personal es nuestra capacidad de mantenernos alineadas con nuestra verdadera esencia. Algo complejo en la era de la hiperconectividad, donde nuestra atención y energía están constantemente fragmentadas y nuestro propósito se confunde con el *engagement*.

Los rituales emergen como herramientas poderosas para reconectarnos con este poder interior y liderar de forma consciente. Para que quede claro, cuando hablo de liderazgo no me refiero a gestionar ni a asumir posiciones de jerarquía, sino a comprometerte con el legado que eliges dejar en el mundo. Con el mifi en banda ancha y actuando desde tus valores fundamentales.

El poder personal implica crear valor significativo en tu vida, transformar desafíos en oportunidades y generar soluciones que importan a las personas. Impactar con conciencia, reconociendo tu capacidad de influencia y asumiendo la responsabilidad de tus acciones. Es un compromiso constante con tu propia evolución personal, usando tus dones y talentos para elevar a otras personas y contribuir al bien común.

El poder personal emerge de la creencia de que cuanto más alineada, más magnética. Esa intersección en la que no hay nada más sexy que tu coherencia, nada más bello que tu sensibilidad y no hay un éxito más elevado que tu paz interna.

Y eso es relativamente sencillo cuando estás en un momento de luz y abundancia, pero cuando no ves, cuando no hay visión, no es nada fácil, es más bien doloroso.

Los rituales pueden ser herramientas en las que refugiarte porque no te exigen nada, ni te piden nada, tan solo te abrazan hasta que acabas la práctica.

Rituales, o pausas estratégicas, para regenerar tu energía y proteger tu foco

La propuesta no consiste únicamente en que cada día encuentres un espacio para regenerarte. Sino que, en tu propia jornada laboral, halles en la pausa momentos productivos para poder proteger y aprovechar tus picos energéticos, ya sean productivos o creativos.

El profesor Anders Ericsson y sus colegas de la Universidad Estatal de Florida han estudiado a artistas y atletas de élite en busca de la receta del máximo rendimiento, y han descubierto que lo que llaman «rendimiento excepcional» no se logra mediante la práctica constante, sino a través de periodos intensos de trabajo seguidos de pausas conscientes para la recuperación. La idea es no acabar el día agotada, generando pausas que te ayuden a equilibrar, ya sea la actividad intelectual, el sedentarismo o el exceso de pantallas, entre otros.

Por ejemplo, en la empresa de la experta en bienestar Arianna Huffington, han establecido el ritual de reseteo en un minuto a través de una app, llamada Thrive Reset, en la que puedes hacer un reinicio o una pausa mental a través de la respiración y estímulos visuales relajantes.* Esto para mí es coherencia de marca y de liderazgo.

Te propongo que, a lo largo de tu jornada laboral, hagas pausas para regenerarte de uno, cinco o diez minutos cada hora y media de trabajo o cuando tú consideres. No se trata de hacer nada excepcional, a veces tengo una pequeña conversación distendida mientras tomo un café, me estiro, pongo una canción, cambio de sala o preparo una reunión en una libreta o en pósits, en lugar de con el ordenador. También tengo en cuenta que, si necesito mucho fuel cognitivo, un día tendré que hacer deporte, estiramientos o caminar.

---

* <https://apphub.webex.com/applications/thrive-reset-thrive-global-65812>.

Tener una *playlist* o un aroma —en el apartado de sentidos te cuento cuáles y por qué— te hará más fácil ese reseteo sensorial. Este tipo de rituales te ayudarán a:

- Reiniciar tu sistema nervioso entre tareas demandantes.
- Mantener claridad mental a lo largo del día.
- Prevenir el agotamiento y la dispersión.
- Potenciar tu soberanía energética.

Rituales que cuidan y protegen tu calma y bienestar

En un ecosistema profesional que celebra la adrenalina constante, proteger tu calma y bienestar no es un lujo, es más bien un pilar vital. La relevancia de tener y practicar rituales de calma y bienestar radica en tu capacidad para proteger tu sostenibilidad energética y tu regulación emocional en esta montaña rusa del emprendedor. Este tipo de rituales te ayudarán a:

- Construir resiliencia emocional para navegar la incertidumbre.
- Mantener claridad mental para tomar mejores decisiones.
- Preservar tu energía creativa y capacidad innovadora.
- Liderar desde un lugar de abundancia, no de agotamiento.
- Crear un modelo de éxito sostenible y humano.

Desde tener espacios o lugares para relajarte —un día me compré una tumbona para pensar y han sido los treinta y cinco euros mejor invertidos de mi vida, una vez a la semana me siento ahí después de comer—, para crear rituales transicionales conscientes. Estos nos ayudan a entrar y salir con consciencia de una actividad para sumergirnos en otra.

A veces, las transiciones son físicas. Así, el trayecto de la oficina a casa puede marcar esa transición, y quizá ese trayecto puede funcionar como un ritual para desenredar pensamientos mientras te vas acercando a tu hogar. Rituales para empezar el día, para acabarlo, o para hacer una transición del mundo físico al digital. Te recuerdo que lo digital es fugaz y lo físico necesita su tiempo. Puede ser una pregunta, una breve meditación, escribir en un diario o sentarte en silencio con una taza de té.

Sin duda, el baño es un templo repleto de ceremoniales de transición. Una ducha fría o caliente, o incluso un baño en la bañera pueden llevarte a otro estado de consciencia si sabes acompañarlos de estímulos que nutran tus sentidos.

Cuando tienes un dónde, es más fácil encontrar un cuándo.

El espacio sagrado crea tiempo sagrado.

Crea días de desconexión digital programada
¿Has probado a crear días de desconexión digital? Es complejo porque le hemos dado al móvil hasta el número secreto de nuestra tarjeta de crédito, en el nombre de la practicidad.

Practicar la desconexión, primero da FOMO y ansiedad, pero luego te devuelve a un estado de creatividad y ligereza embriagadora. Todo te inspira.

En una era donde la conectividad constante se ha convertido en una prisión invisible, programar días de desconexión digital es un acto de libertad, donde este ritual no trata solo de «apagar dispositivos», sino de reclamar tu soberanía mental y energética.

A mí me encanta tener un día a la semana sin conexión. En él invierto todo mi tiempo en actividades que me recarguen: lectura, creatividad libre o estar en la naturaleza. Esta desconexión digital permite que el cerebro entre en un estado de recuperación profunda. Yo los llamo «DomingOFF», pero puede ser cualquier otro día.

En estos momentos, estoy explorando la práctica de que el móvil no entre en la habitación en la que dormimos. De hecho, Marie Kondo está comercializando Stolp, cajas minimalistas que omiten radiaciones para guardar el móvil.* Un ritual familiar maravilloso. ¿El objetivo? Más concentración, más conversaciones fluidas, más unión. Entre tú y yo, un cajón también sirve.

La relevancia de este ritual radica en que:

- Rompe el ciclo de dopamina digital y reactividad constante.
- Permite que emerjan ideas innovadoras desde el silencio digital.

Rituales transicionales que marcan principios y finales o momentos relevantes

Una transición es un puente entre dos realidades. Ese momento donde ya no somos lo que éramos, pero tampoco hemos llegado a ser lo que seremos.

Los rituales de transición sirven como puentes entre lo que fue, lo que es o lo que será.

Actúan como contenedores emocionales y energéticos que nos ayudan a:

- Honrar y procesar lo vivido.
- Liberar lo que ya no sirve y crear espacio para lo nuevo.
- Auditar, enfocar y finalizar una etapa.
- Celebrar y reconocer un nuevo momento vital o etapa.
- Darle valor a una fecha significativa.

---

* <https://stolp.com/>.

Por ejemplo, un ritual de inicio de cambio de ciclo. No existe una transición más empoderadora que el cambio de año. Es ese momento mágico donde el 95 por ciento de las personas siente la llamada profunda a comprometerse con su mejor versión. Sin embargo, existe una realidad que debemos reconocer: el segundo viernes de enero es conocido como el día de los que renuncian (*Quitters Day*), el día en que la mayoría abandona sus resoluciones de Año Nuevo. En el apartado rituales, encontrarás Polaris, un ritual que yo realizo cada cambio de año o ciclo para evolucionar.

RITUALES DE EXPLORACIÓN, IMAGINACIÓN Y SIEMBRA CREATIVA

Creo que no hay nada que me interese tanto como los procesos creativos. Me fascina comprender cómo operan otros cerebros y, por eso, facilito muchas sesiones de cocreación, para colarme en ellos.

Yo le rezo a mi creatividad, es mi dogma y mi estilo de vida. Vivo de mis ideas y ellas viven en mí. Por eso protejo y mimo mi imaginación, porque es donde reside mi principal fuente de inspiración. Las ideas que más me gritan las llevo al plano físico.

Hay algo sagrado en el proceso creativo. Porque no sabes qué buscas hasta que ese algo te encuentra. Los rituales en el ámbito creativo generan un espacio liminal en el que te encuentras inmersa en otra dimensión, sin tomarte nada más que cafeína, que sé lo que estás pensando.

De hecho, en una tarde en mi estudio, desarrollando un taller o preparando una conferencia, puedo experimentar las mismas sensaciones mentales —físicas no, claro— que en una sesión de *ecstatic dance*, que intuitivamente es lo que yo hacía en mi habitación de mi casa. Mi canal creativo está tan abierto que me habla a grito pelado. Y desde ahí fluyo.

Existe un movimiento en Estados Unidos llamado Daybreaker.* Esta comunidad, liderada por Radha Agrawal, junta a miles de personas a primera hora de la mañana y, con una estética muy Burning Man, encienden su mifi con ellas mismas y con el grupo a través del baile.

En un mercado que demanda innovación constante, los rituales creativos son tu ventaja competitiva. Son espacios sagrados donde la imaginación se encuentra con la acción estratégica y tu creatividad fluye.

El concepto del estado de flujo (*flow*) fue desarrollado por el psicólogo Mihaly Csikszentmihalyi, quien lo identificó y estudió profundamente durante décadas desde los años setenta. Csikszentmihalyi descubrió este concepto estudiando a artistas, atletas, músicos y otras personas que experimentaban momentos de máxima creatividad y rendimiento. Y todos describían una experiencia similar de «fluir» con su actividad, donde el tiempo parecía detenerse y la acción fluía «sin esfuerzo». Esta investigación revolucionó nuestra comprensión de la motivación, la creatividad y la felicidad, mostrando que los momentos más satisfactorios de la vida no son los de ocio pasivo, sino aquellos en los que estamos completamente absortos en una actividad desafiante pero manejable.

Los rituales de exploración y siembra creativa son muy relevantes porque:

- Nutren tu capacidad de innovación y pensamiento lateral.
- Te ayudan a entrar en estado de *flow* y hackear tus propios procesos creativos.
- Mantienen viva tu curiosidad y capacidad de asombro.
- Transforman desafíos en oportunidades creativas.

---

* <https://www.daybreaker.com/>.

Estos momentos de siembra creativa no solo nutrirán tu imaginación, sino que abrirán nuevas posibilidades en tu vida.

> **Mi ritual para escribir este libro y entrar en estado de flujo**
> Desayunar bien y en familia, y a continuación, la mayoría de las veces vestida de deporte, retirarme a una habitación con muy pocas distracciones. En mi escritorio: un ordenador, una botella de dos litros de agua y una taza de café caliente que se enfriará antes de que me lo beba.
> Mi ritual es sencillísimo: antes de encender el ordenador me pregunto cómo necesito sentirme para mi sesión de hoy. Y mientras busco respuesta elijo el aceite esencial que creo que puede acompañarme. Me lo unto cuidadosamente en las manos al tiempo que suena una música de concentración a 452 Hz con cascos grandes (no *earpods*). Ya estoy entrando...
> Son tres minutos de preparación y pasarán tres horas de manera fugaz. Cuando suena la alarma siempre me asusto, no entiendo dónde he estado y no importa la cantidad de páginas que haya escrito. Me levanto, me pongo la gorra, cojo un melocotón y ya estoy caminando en el campo.

Rituales para la riqueza relacional

La conexión con los demás es tan importante como la conexión contigo misma. El éxito auténtico no es un viaje en solitario. Los rituales de conexión y crecimiento colectivo son fundamentales para crear un ecosistema que te nutra y potencie.

La relevancia de los rituales para la riqueza relacional se manifiesta en:

- Crear espacios seguros para el aprendizaje compartido.
- Fortalecer vínculos significativos que sostienen tu crecimiento.
- Acceder a la sabiduría colectiva y diferentes perspectivas.
- Construir redes de apoyo auténtico y recíproco.
- Potenciar el impacto a través de la colaboración.

Cuando empecé a emprender, me di cuenta de la importancia de participar o liderar espacios circulares para conversar con personas que no conocemos. Me apasiona descubrir a personas diferentes —o iguales— a mí, practicar la escucha. Me fascina el arte de la conversación y de la conexión.

Cada mes tengo al menos un desayuno o comida «con diamantes», y no es en Tiffany's, aunque una vez desayuné ahí (las marcas de lujo conocen la importancia de los rituales de marca). Se trata de una práctica con una persona interesante sin ningún otro propósito que conectar, conversar o conocernos. No busco ningún intercambio transaccional, sino más bien relacional. Me hacen mucho bien. En el capítulo 6, compartiré contigo cómo crear un círculo de crecimiento empresarial, pero estos rituales son más orgánicos. Estas conversaciones profundas y auténticas son verdaderos diamantes. Invertir en estas relaciones que nutren es invertir en ti.

RITUALES QUE POTENCIEN LA VISIÓN ESTRATÉGICA

Como líder de mi propia empresa, necesito generar espacios para tomar decisiones relevantes y vinculantes. El ajetreo diario nubla mi capacidad de ver con claridad dónde me están llevando los pasos que doy. No solamente a nivel económico, también a nivel evolutivo.

Crear pausas estratégicas es una forma de reconectar con tu visión a largo plazo. Y tener soberanía para virar, aceptar o incluso

LOS RITUALES ESENCIALES

soltar. A veces, no necesitas más acción, sino más espacio para la reflexión.

La relevancia de estos rituales es crítica porque:

- Aportan claridad y foco en un mundo rápido y ruidoso.
- Alinean tus decisiones con tu propósito más profundo.
- Fortalecen tu intuición empresarial y la transforman en sabiduría.
- Cultivan tu camino y tu legado.

Por ejemplo, yo necesito días específicos al mes para proyectar y planificar mi visión empresarial. Ya sea a nivel financiero, creativo o estratégico, quizá necesitas más equipo o eliminar el lanzamiento de un producto. Yo procuro no decidir esto sobre la marcha, sino crear espacios conmigo o con las personas involucradas para accionar y no reaccionar.

Estas dinámicas pueden ser semanales, quincenales, mensuales, trimestrales, semestrales, anuales; también pueden ser inspiradoras si tú lo decides, aunque las tablas dinámicas de Excel hayan marcado los límites de tu imaginación. ¿Qué rituales necesitas para fortalecer tu visión estratégica?

Piensa en cómo hacer una sesión de revisión de objetivos más inspiradora, participativa y lúdica. En un entorno de cambio constante, los rituales de visión estratégica son tu brújula interior. Te ayudan a mantener el rumbo mientras navegas a través de la complejidad.

Lo primero que puedes hacer para proteger estas pausas es agendarlas en tu calendario.

Al darte el espacio para ver más allá del día a día, puedes tomar decisiones con mayor claridad y enfoque, potenciando, además de tu bienestar, tu propia definición de éxito.

Estas seis tipologías de prácticas son esenciales para volver a mí:

rituales de soberanía energética, para proteger la atención o mimar esa transición; rituales de bienestar y calma para cuando el estrés aflora; rituales para potenciar mis propios procesos creativos, rituales relacionales, con personas que nutren, y prácticas que potencian mi visión estratégica hasta en la oscuridad.

Reconocer que, aunque el mundo exterior nos invita a estar constantemente conectadas, es en la pausa consciente donde de verdad nos regeneramos para volver a crear y a creer. Aprender a encender nuestro propio mifi implica acceder a un recurso mucho más potente y renovable: nuestro poder personal.

LAS LÍDERES DEL PRESENTE SON ALQUIMISTAS

En 2020, en plena pandemia y crisis sanitaria a nivel mundial, Jamais Cascio, en su artículo «Facing the Age of Chaos», explicó a través del acrónimo BANI los retos de la sociedad actual. Prepárate. Una realidad poliédrica mucho más caótica y confusa que traspasa los límites hasta ahora conocidos por el término VUCA (del inglés *volatility, uncertainty, complexity and ambiguity*). Como si vivir en un contexto volátil, incierto, complejo y ambiguo no fuera suficientemente estresante.

El entorno BANI se caracteriza por desafíos y cambios constantes en todas las capas de la sociedad:

- ***Brittle*** (frágil). La fragilidad significa que, pese a la apariencia de solidez de la era moderna, incluso los pequeños cambios pueden tener un impacto significativo en los sistemas y hacer que se desmoronen.
- ***Anxious*** (ansioso). El ritmo frenético, la hiperconectividad, la sobreinformación, la manipulación, los titulares sensacio-

nalistas, las *fake news*, la cultura de la cancelación... Todo ello ha generado una sociedad más tensa y reactiva.
- **Nonlinear** (no lineal). Este nuevo entorno no sigue patrones predecibles. Es como si el efecto causa-efecto hubiera desaparecido y puede generar resultados totalmente inesperados.
- **Incomprehensible** (incomprensible). En 2035, la generación de contenidos superará los 2.142 zettabytes, según el estudio *Digital Economy Compass*. Este estado de sobreinformación genera un ruido ensordecedor y complica discernir lo relevante del resto, complicando el proceso de toma de decisiones, la identificación de las *fake news* o incluso que puedas crearte un criterio objetivo, ya que los algoritmos moldean tu realidad.

¿Cómo te sientes después de haber leído las líneas anteriores? Claro, agobiada, es natural.

En este mundo lleno de ego, ansiedad y reactividad, las mejores líderes son las que saben crear entornos de calma y serenidad. Y es que no hay un mayor éxito hoy en día que vivir con un sistema nervioso calibrado. Eso es hacer alquimia, coger la incomodidad, transitarla y transformarla.

Tú puedes hacer alquimia siempre.

Cuando quieras, donde quieras, como quieras y con quien quieras.

Siempre que seas consciente de cómo te sientes y cómo te quieres sentir.

Un ritual te hace soberana.

Activar esta autoconsciencia a veces es sencillo y otras compleja, pero, como siempre, la práctica te ayuda a detectar qué ha disparado o activado tu estado de alerta y cómo puedes volver a tu homeostasis, ese estado natural de equilibrio y bienestar natural.

Imagina que estás de vacaciones. Solamente con pronunciar esta deliciosa palabra, tu cuerpo ya se destensa. Hueles el mar que se

EL SISTEMA NERVIOSO SIMPÁTICO TE PONE EN MODO ALERTA	EL SISTEMA NERVIOSO PARASIMPÁTICO TE PONE EN MODO CALMA
Activa y prepara la respuesta del cuerpo ante una amenaza o situación de estrés percibida, conocida como respuesta de lucha o huida.	Activa y prepara el cuerpo para un estado de relajación y restauración, conocida como respuesta de descanso y digestión.
Estado del cuerpo: alerta, activo, preparado para actuar.	Estado del cuerpo: relajado, en reposo, favorece la recuperación.
Fisiológicamente: Dilata la pupila y pulmones, no genera saliva, aumenta la frecuencia cardiaca, inhibe el estómago, la digestión y la salivación, libera glucosa y relaja la vejiga.	Fisiológicamente: Contrae pupilas, pulmones y vejiga, produce más saliva, decrece la frecuencia cardiaca, estimula el estómago e inhibe la liberación de glucosa.
Segrega cortisol, adrenalina y noradrenalina.	Segrega melatonina y otras hormonas.
Menor activación del nervio vago. Prepara para la acción inmediata.	Promueve la calma y el procesamiento de emociones. Alta activación del nervio vago (regula las funciones de descanso).

infusiona con el aroma de la pineda, sientes el sol que nutre tu piel —untada con factor 50— y el contraste del calor con el agua fría, y empiezas a adentrarte en ese estado de éxtasis. Te sumerges con armonía e incluso cierras los ojos para elevar la sensación de tu cuerpo flotando. Sabes dónde estás, pero acabas de entrar en otra dimensión.

En un nanosegundo, chocas con algo o con alguien. Y no sabes qué ha sido, pero tus músculos se tensan, tu boca se seca y tu frecuencia cardiaca se acelera. Tu sistema nervioso simpático prepara tu cuerpo para luchar o huir cual gladiadora, sin ni siquiera medir la dimensión del ataque. Ese sistema es el encargado de mantenerte a salvo, vivita y coleando, segregando cortisol y adrenalina para que huyas o luches. Hasta que oyes un «perdone» de un peque con la inconfundible máscara de buceo del Decathlon, que te habla de usted. Indignada porque pensabas que tu bañador de rayas te quitaba algunos años, poco a poco, tu sistema nervioso parasimpático se encarga de devolverte a tus vacaciones. Todo está bien.

En resumen, el sistema simpático está asociado con la activación del cuerpo para enfrentar situaciones de estrés o peligro, mientras que el sistema parasimpático es responsable de la relajación y la recuperación del cuerpo, promoviendo el bienestar y la restauración.

La cuestión es que, en este entorno BANI, tu sistema nervioso simpático puede activarse con mucha facilidad. Ya sea por un e-mail incómodo, por una discusión inesperada con una colaboradora o incluso por una opinión de una desconocida en redes sociales. Es terrible cómo, con el mifi apagado, cedemos nuestro poder.

Cuando alguno de nuestros ancestros lograba escapar de un tigre y volvía a su cueva cálida, segura y sin riesgos, esto enviaba una señal al cerebro de que la amenaza había desaparecido y podía regresar a un estado de paz y armonía.

El ritmo trepidante de la sociedad contemporánea está generando problemas de activación del sistema parasimpático y de desactivación del simpático: estrés, miedo, ansiedad, incertidumbre. Por tanto, vivimos en constante alerta: en una eterna supervivencia. Incluso hay sectores e industrias que promueven ese estado de manera constante y lo acaban convirtiendo en cultura de empresa.

Estos estresores pueden acabar siendo crónicos y tener graves consecuencias para la salud de la mente y el cuerpo, a menos que intervengamos activando el sistema nervioso.

¿Cómo hacer alquimia y encender tu propio mifi?

Antes de crear esas prácticas, y con la finalidad de que sean significativas y nutritivas para ti, te propongo hacer un inventario emocional básico para obtener los siguientes objetivos:

- Conocer qué actividades y prácticas te nutren y te hacen sentir bien, y cuáles son aquellas que te hacen sentir mal y drenan tu energía.
- Tomar consciencia de qué dispara tu sistema nervioso simpático poniéndote en modo supervivencia y alerta, y qué lo calibra y regula, llevándote a un estado de calma y serenidad.
- Activar la consciencia emocional, es decir, ser consciente de cómo te sientes y cómo te quieres sentir.

Te propongo aprender a crear prácticas regenerativas que te acerquen a ti y al grupo cuando lo necesites, a través de los rituales.

Te recuerdo que un ritual debe ser significativo para ti, por eso es tan relevante.

Cuando te conectas a ti, sabes lo que necesitas.

Tus disparadores y tus nuevos cargadores

Soy una persona a una oficina andante pegada. Y, además, viajo bastante. Allá donde voy, mi empresa va conmigo. Lo único que necesito son cargadores.

Este año he perfeccionado el arte de viajar por trabajo. Tengo muchos *gadgets*. El mejor mi termo *kettle*, un termo que, aparte de mantener mi bebida caliente, puede hervir agua.

Haciendo y deshaciendo maletas, me he dado cuenta de que mi bolsa de cargadores es más grande que mi neceser. WTF. Y es que ninguno me sirve para más de un aparatejo: el móvil, el ordenador, los auriculares, el termo, el *steamer*, el pulsómetro, el Kindle…

En Vitoria, que es un lugar que me carga de energía y de buena comida, reflexionaba: ¿cómo puede ser que tengamos una bolsa llena de cables para cargar toda nuestra tecnología y no seamos conscientes de qué nos carga a nosotras?

Desde ese día, además del neceser y de mi bolsa de cargadores, llevo conmigo mi propia bolsita con mis cargadores: aceites esenciales, un oráculo, una pequeña libreta y unas infusiones de *yogi tea*. ¿Para qué estos cargadores? Para calibrarme cuando mis disparadores afloran.

DISPARADORES O *TRIGGERS*

Puede que no te des cuenta, pero, a medida que caminas por el mundo cada día, tu sistema nervioso escanea constantemente tu entorno en busca de señales: «¿Debo tener cuidado aquí?», «¿Es esta una situación peligrosa?», «¿Estoy a salvo?», «¿Me va a robar?» (esa soy yo). Para ello, el sistema nervioso utiliza algo llamado «neurocepción», que opera a partir de nuestra conciencia para escanear

PRISA

GRITOS

PRESIÓN

DESORDEN

NO DORMIR

EXPECTATIVAS

SOBREPENSAR

COMPARACIÓN

REDES SOCIALES

SCROLL INFINITO

FALTA DE LÍMITES

NO NUTRIRSE BIEN

FALTA DE DESCANSO

DEMASIADA CAFEÍNA

EXCESO DE ALCOHOL

RELACIONES ABUSIVAS

NO EJERCITAR EL CUERPO

RELACIONES SUPERFICIALES

NO PODER AUTOEXPRESARTE

EXCESO DE DOPAMINA BARATA

FALTA DE RECURSOS ECONÓMICOS

DISPARADORES

situaciones, personas, espacios y determinar si son seguros o peligrosos. Cuando el sistema nervioso detecta una señal de peligro, se activa un disparador, tenemos una respuesta de estrés y se pone en marcha la reacción de lucha, huida o parálisis.

Los disparadores son personas, lugares, objetos o situaciones que crean una sensación de peligro, según tu propia percepción. Y, como consecuencia, se activan las defensas del sistema nervioso de lucha, huida o parálisis. Independientemente de que estés en peligro o no.

Todas las personas tenemos una colección de disparadores y, en ocasiones, también un patrón de comportamiento cuando nuestro sistema nervioso se pone en modo supervivencia. A veces, evitamos; otras, nos cerramos, y otras, no somos conscientes de cómo ese desencadenante nos afecta a lo largo de toda una jornada o una vida.

Los disparadores son fáciles de reconocer porque producen reacciones fisiológicas —ansiedad, palpitaciones en el corazón, malestar estomacal, descomposición, temblores, mareos o palmas sudorosas— y emocionales muy nítidas. Es muy interesante, para poder tener más control de tus acciones y reacciones, ser consciente de qué te detona.

¿Cómo podemos identificar un disparador? Para ello, responde a estas preguntas:

- ¿Qué actividad, elementos, lugares, personas o actitudes te generan estrés y ansiedad?
- ¿Qué actividad, elementos, lugares, personas o actitudes te hacen sentir insegura?

Por ejemplo:
Una charla que tienes que dar en público.
Una supuesta colega que, cada vez que interactúas con ella, utiliza el sarcasmo emocional.
Una carta o e-mail de Hacienda.

El desorden en tu sala de estar.
Cuando en una reunión no te sientes escuchada.
Cuando se ha traspasado un límite, del tipo que sea, según tus valores.
La llamada del cole de tu hijo o hija.
La cena de Navidad.

Como ves, para gustos, colores y detonadores. Mientras unos no te afectan, otros te generan una parada cardiaca inminente. Y yo me pregunto: ¿por qué una carta de Hacienda provoca este efecto, aun teniéndolo todo en regla?

Soy consciente de que la prisa o el estrés ajeno me disparan, por eso he creado mi propio emprendimiento, para establecer una manera de operar bajo unos valores que son significativos para mí y mi equipo. Y te lo cuento porque, en mi caso, ha sido un aprendizaje espectacular.

Cada mes, me llegan uno o dos e-mails de personas a las que no tengo el placer de conocer que me contactan para proponerme una colaboración, presentarme un proyecto o pedirme un presupuesto para participar en alguna acción que lideran. Maravilla, yo siempre estoy superabierta a explorar. La cosa empieza a torcerse cuando el tono y la petición del correo exige que esa acción se haga ya o, peor, resulta que era para ayer y que ya vamos tarde. ¡Urge! Empezamos mal. Años atrás la inercia y mi empatía me hacían sumarme al estrés, la prisa y la presión, sin pensarlo. ¡Superwoman ponte la capa, calienta, que sales! Era incluso estimulante; la dopamina y la adrenalina acaban haciéndote adicta a esa manera de trabajar. Hasta que decides que, de la misma forma que yo protejo cómo trabajamos mi equipo y yo, hay que proteger también cómo trabajamos con nuestros colaboradores y clientes. Porque si todo es para ayer, aquí no hay mañana.

Este año también me encontré con una persona que no aceptaba mi amable negativa a participar en su proyecto. «Vuelve a pensarlo, no puedes decirme que no». Si no podía decir que no, el silencio me parecía la respuesta más potente, así que no contesté. Cuando alguien sabe lo que es mejor para ti, incluso sin conocerte, huye.

Todo lo que te saca de tu centro es un disparador, y es lógico que tu sistema nervioso, tu respuesta emocional, tus pensamientos, tus palabras y tu actitud escapen de tu control, porque no estás accionando, estás reaccionando. Tu amígdala está al mando.

Estas son las situaciones más comunes que desencadenan emociones incómodas intensas:

- Las faltas de respeto.
- La prisa.
- La presión.
- La verticalidad.
- La condescendencia.
- El rechazo.
- El critiqueo.
- La traición.
- El trato injusto.
- La impotencia o pérdida de control.
- Los límites no respetados.
- La desaprobación o crítica.
- Ser excluida o ignorada.
- La inseguridad.

Añade las tuyas.

CARGADORES

RITUALES QUE TE CALIBRAN Y POTENCIAN

ESPACIOS PARA TU CREATIVIDAD

ACTIVIDADES EN LA NATURALEZA

CONVERSACIONES VALIENTES

MOVER Y MIMAR EL CUERPO

LÍMITES Y VALORES CLAROS

RELACIONES AUTÉNTICAS

PRACTICAR LA GRATITUD

COMIDA QUE NUTRE

ESCUCHA ACTIVA

LA AMABILIDAD

COHERENCIA

RESPIRACIÓN

HIDRATARSE

PRESENCIA

ESCRIBIR

MEDITAR

DORMIR

LEER

REÍR

Cargadores y *glimmers*

En 2022, la psicóloga Justine Grosso hizo viral un TikTok que llamó «Triggers versus Glimmers». Así como los *triggers*, los disparadores, eran un concepto muy extendido, los *glimmers*,* que podemos traducir como «destellos» o «chispas», y que yo llamo «cargadores», para que te des el mismo trato a ti que a tu tecnología, como mínimo, no lo eran.

Los cargadores pueden ayudar a calmar el sistema nervioso y devolvernos a un estado regulado. Asimismo, pueden ser experiencias —rituales—, interacciones o recursos que nos ayudan a sentirnos seguras, conectadas, presentes y tranquilas.

Es curioso que los cargadores lleguen a ser más difíciles de identificar que los disparadores, pues las respuestas fisiológicas pueden ser sutiles y se necesita atención consciente para detectarlas. Desde personas o palabras reconfortantes a actividades corporales o mentales.

En mi caso, hay dos actividades clave para volver a mí cuando mi amígdala me secuestra: bailar o respirar. No siempre puedo ponerme a bailar ignorando el contexto, o sí, pero la respiración también es un cargador que puede relajarme o activarme. Es la práctica más profunda que conecta lo externo con lo interno. Y a mí, que sufro una enfermedad autoinmune en el intestino, me devolvió a la vida cuando creía que estaba condenada.

Aprender a respirar no es opcional, es vital. Y es una de las prácticas que te pueden llevar a estados alterados de consciencia sin necesidad de consumir nada. De verdad que lo llevamos todo de serie.

Identificar nuestros cargadores es esencial para crear rituales alineados con ellos.

---

* Este concepto fue introducido en 2018 por Deb Dana en su libro *The Polyvagal Theory in Therapy: Engaging the Rhythm*.

PREGUNTAS EFERVESCENTES

*¿De qué necesitas tomarte una pausa
en este momento vital?
¿Qué prácticas encienden tu mifi?
¿Qué actividades, personas, espacios o sentidos
recargan tu energía?
¿Qué actividades, personas, espacios
o sentidos drenan tu energía?*

¿Qué te hace sentir bien? ¿Qué te hace volver a ti?

¿Qué actividad, elementos, lugares, personas o actitudes te generan calma interna y bienestar?

¿Qué actividad, elementos, lugares, personas o actitudes te hacen sentir segura?

Para crear tus propios rituales, conocer tus disparadores y crear tus propios neutralizadores o cargadores es vital porque serán el *core* de tus rituales esenciales.

Dime cómo te quieres sentir y te diré qué ritual es para ti

Siempre estás a un ritual de sentirte mejor si sabes cómo te sientes.

Pero ¿sabes cómo te sientes? Ahí está la cuestión.

Brené Brown, doctora y profesora de la Universidad de Houston, y su equipo realizaron una investigación en la que entrevistaron al menos a siete mil personas en cinco años. En ellas, descubrió que, de media, los entrevistados solo podían identificar con nitidez tres emociones: felicidad, tristeza y enfado. Teniendo en cuenta que lo que nos hace humanos es sentir, esta estadística es bastante demoledora. Supongo que ella pensó lo mismo y, por ello, en su último libro, *The Atlas of the Heart*, explica ochenta y siete de las emociones que existen y qué las diferencia, con su característico humor y rigor.*

Ser conscientes de cómo nos sentimos cambia las reglas del juego en la vida.

Tener acceso a qué sentimos no es complejo si estás conectada a ti.

¿Cómo te sientes?

¿Cómo te quieres sentir?

---

* Puedes ver el documental *Brené Brown: Atlas of the Heart* en HBO Max. Ver a Brené Brown en directo merece cada céntimo de euro.

ESTÁS A UN RITUAL DE SENTIRTE MEJOR

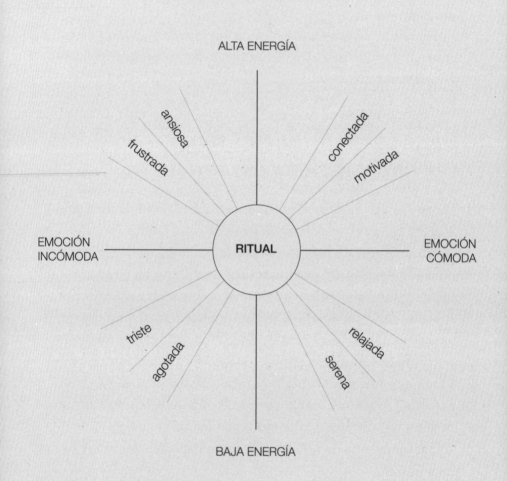

¿Cómo deseas hacer sentir?
Son preguntas brújula en mi trabajo, aunque deberían serlo para todas las personas.

Ser conscientes de cómo nos sentimos o cómo se siente la persona que tenemos delante es vital para vivir una vida más plena y satisfactoria, y a eso lo llamamos «consciencia emocional».

La conciencia emocional es el despertar de la inteligencia emocional: una primera mirada donde identificar y saber poner nombre a esa calima que a veces cubre nuestros estados anímicos. Para comprender, liderar e incluso hackear nuestra propia experiencia humana.

La conciencia emocional nos ayuda a:

- Reconocer nuestros estados de ánimo y reflexionar sobre ellos para tener mejores reacciones y tomar mejores acciones y decisiones.
- Conectarnos a nuestras necesidades, deseos, pasiones y éxito, y conocernos mejor.
- Establecer límites, poner filtros para atender nuestras necesidades e invertir así en bienestar, integridad y calidad de vida en nuestro momento vital.
- Reconocer las emociones de los demás para relacionarnos mejor.

El ritual es una práctica emocional. Por eso, el punto de partida para crear un momento de pausa que te haga sentir bien es comprender cómo te sientes y proyectar cómo te quieres sentir. El espacio entre cómo te sientes y cómo te quieres sentir es lo que vas a rellenar con tu práctica.

Los rituales son performances puramente emocionales. Principalmente porque nacen de una necesidad emocional, por ejemplo: quiero calmarme, pertenecer, agradecer, confiar, inspirar o celebrar.

La simbología con la que dotas —y dotarás, cuando acabes el libro— estas experiencias es la que te conecta a ti misma. Pero, sobre todo, porque en el propio proceso el ritual te brindará una respuesta emocional final cuando acabes.

CÓMO TE SIENTES → RITUAL ← CÓMO QUIERES SENTIRTE

Así, cuando llego a casa y estoy a-go-ta-da, tengo varias maneras de restaurar mi energía. En cinco minutos puedo darme una ducha de color —con los ojos cerrados voy proyectando cómo el agua cambia de color; realicé una vez una sesión de cromoterapia en agua que he guardado en mi mente y la reproduzco cuando lo necesito—, prepararme una leche turmérica o algo reconstituyente, añadir unas gotas de lavanda en el difusor de aromaterapia o encender esa *playlist* que nos ancla a toda la familia y nos baja de revoluciones. Tengo identificados los cargadores de calma y bienestar, aunque en mi casa, en tribu, toca consensuar.

Si te sientes...

Ansiosa	→	Respira o medita
Enfadada	→	Canta o baila
Saturada mentalmente	→	Escribe o dibuja
Triste	→	Practica la gratitud
Frustrada	→	Mueve el cuerpo o juega
Cansada	→	Duerme
Quemada	→	Lee

Reflexiona y anota las prácticas que te hacen sentir mejor.

El emocionómetro

Marc Brackett es el director fundador del Centro de Inteligencia Emocional de Yale, además de profesor en el Centro de Estudios Infantiles de esa universidad. Su investigación se centra en el papel de la inteligencia emocional en el aprendizaje, la toma de decisiones, la creatividad, las relaciones, la salud y el desempeño profesional.

El nombre de su herramienta, RULER, es el acrónimo de las cinco habilidades de la inteligencia emocional (en castellano: reconocer, comprender, etiquetar, expresar y regular), y acompaña a comunidades escolares en la comprensión, el valor de las emociones, el desarrollo de las habilidades de la inteligencia emocional y la creación y el mantenimiento de un clima escolar positivo.

En mi caso, incluir el emocionómetro en mis *workshops* me ha ayudado a trabajar con consciencia emocional, rigor y con una visión mucho más profunda, ya que las personas sentimos. No importa si trabajas con adultas, niñas o CEO; trabajas con personas, y cuando utilizas la emoción y la empatía en el lenguaje, las sitúas en el centro, de verdad.

¿Cómo te sientes ahora?
¿Cómo quieres sentirte?
¿Cómo quieres hacer sentir a otra persona?
La emoción es la brújula y el punto de partida de cualquier ritual individual o colectivo.

Porque, recuerda, un ritual es un portal a un sentir nuevo. Del caos a la calma. De la pesadez a la ligereza. De la dispersión a la diversión.

Esta alfabetización emocional se da a través del emocionómetro, una matriz muy visual y colorista, aunque aquí le bailemos al gris. Esta adaptación de la cuadrícula ilustrada del libro de Brackett *Permiso para sentir* nos da la oportunidad de profundizar en nuestras experiencias, a través de nuestra propia consciencia emocional, y a

CONSCIENCIA EMOCIONAL

ALTA ENERGÍA

furiosa	estresada	en shock	sorprendida	enfocada	eufórica
agobiada	enfadada	impaciente	motivada	alegre	emocionada
ansiosa	preocupada	inquieta	optimista	esperanzada	orgullosa
vacía	decepcionada	apática	a gusto	satisfecha	realizada
desmotivada	triste	cansada	calmada	descansada	despreocupada
desesperada	sola	exhausta	soñolienta	tranquila	serena

EMOCIÓN INCÓMODA — **EMOCIÓN CÓMODA**

BAJA ENERGÍA

EL EMOCIONÓMETRO DE MARC BRACKETT

sentir. Sin embargo, me he tomado la licencia de adaptar la tabla de Marc —con toda mi admiración— y cambiar el concepto de «emociones positivas y negativas» por «cómodas e incómodas». Y te explico por qué: todas las emociones, tanto las positivas como las negativas, son valiosas y cumplen una función en nuestra vida.

Aunque prefiero sentir las emociones positivas, las negativas son esenciales, ya que me impulsan a crecer, a aprender y a establecer límites saludables y tomar consciencia. Son una señal para detenerme, reflexionar y cuidar de mí misma, de modo que estas emociones negativas pueden convertirse en oportunidades para el autoconocimiento y la mejora personal.

El emocionómetro es una herramienta de gran utilidad, y clasifica las emociones usando dos ejes:

- **Nivel de energía de la emoción:** ¿Esa emoción tiene energía alta o baja?
- **Nivel de comodidad de la emoción:** ¿Esa emoción es cómoda o incómoda?

Por tanto, divide las emociones en cuatro cuadrantes, según las combinaciones de energía y comodidad:

1. **Cuadrante rojo:** Alta energía, sensación incómoda.
   - Emociones: Enojo, frustración, ira, ansiedad.
   - Sensación: Emoción de alta carga energética, pero incómoda.
2. **Cuadrante amarillo:** Alta energía, sensación cómoda.
   - Emociones: Felicidad, entusiasmo, euforia.
   - Sensación: Emoción de alta carga energética, cómoda.
3. **Cuadrante azul:** Baja energía, sensación incómoda.
   - Emociones: Tristeza, depresión, soledad.
   - Sensación: Baja energía y sensación incómoda.

4. **Cuadrante verde:** Baja energía, sensación cómoda.
   ○ Emociones: Tranquilidad, paz, satisfacción.
   ○ Sensación: Relajada, serena y en calma.

El emocionómetro es una herramienta valiosa porque:

- **Fomenta la autoconciencia emocional:** Te ayuda a identificar cómo te sientes en un momento dado y a poner consciencia y vocabulario en esa emoción.
- **Mejora la regulación emocional:** Permite saber qué hacer para moverte de un estado emocional incómodo a uno más cómodo y adecuado para la situación.
- **Desarrolla tu capacidad empática:** Con un vocabulario emocional más rico, comprenderás y acompañarás mejor a los demás.

Por otro lado, permite reconocer de manera clara cómo te sientes, para regularte en cada contexto.

Te invito a hacer un ejercicio para poner en práctica la riqueza de tu lenguaje emocional.

En nuestra sociedad, la pregunta «¿Cómo estás?» es más un hábito que un ritual. Un mero trámite de lo políticamente correcto. De hecho, es habitual contestar con un simple «bien», que es como un pasapalabra para no expresar lo que de verdad sentimos. Normalmente contestamos a «¿Cómo te sientes?» con un «bien» o «mal», o quizá un «alegre» o «triste»; sin embargo, hay más vocabulario para describir lo que sentimos.

La próxima vez que te pregunten «¿Cómo estás?», elimina el «bien» y empieza a dotar de riqueza emocional a tu lenguaje.

Honra lo que sientes a través de lo que dices.
Yo ahora me siento inspirada. ¿Y tú?

DAENERYS TARGARYEN, MADRE DE DRAGONES Y DE RITUALES

Somos una generación agotada.

Tenemos consciencia emocional, energética, acceso a muchísima información sobre técnicas atómicas de alimentación, salud, bienestar, planificadores de Charuca y hasta, quizá, más posgrados y másteres que dedos en una mano.

Y no llegamos a todo.

Somos doctoras en malabarismos cotidianos con maternidades conscientes, liderazgos exigentes y rutinas dementes. Y no llegamos a todo porque hay demasiado en nuestro plato.

Daenerys Targaryen, la que no arde, era madre de dragones, pero, sobre todo, madre de rituales. Tal vez porque es un personaje de *Juego de tronos* o porque era una líder alquimista. Líder ignífuga a prueba de *burnouts* y con algún arrebato neurótico, digna de cualquier líder alquimista.

En mi caso, la cultura capitalista del querer más y mejor me ha llevado a la frustración intermitente y al agotamiento permanente. Como si viviéramos en una carrera constante para ganarnos el descanso. Cuando me quemé, me di cuenta de que necesitaba crear espacios, dinámicas y procesos conscientes —personales y de equipo— para cultivar la conexión conmigo y con mi visión a largo plazo, pues en el hacer constante solo había acción, no evolución.

Y es que para recoger tus frutos creativos necesitas tierra fértil. Y para abonar esa tierra, deberás sentir todas las estaciones y no vivir en un eterno y eufórico verano. Si no inviertes tu energía en soltar, reposar y sembrar, acabarás por agotarte y enfermar.

El otoño te obliga a soltar; el invierno, a reflexionar para que la primavera florezca.

Tu energía es sagrada, pero no es inagotable. Pausar, descansar, frenar no es ninguna recompensa, sino parte de un proceso productivo más amable, más rico, con más espacio para experimentar y equivocarte y crecer acorde a una economía y liderazgo más femenino, circular y cooperativo.

Equilibrar nuestra energía es la base de una buena gestión energética. Nuestro cuerpo busca de forma natural un equilibrio entre los momentos de alta y baja energía. Y también es natural fluctuar entre energía cómoda (positiva) e incómoda (negativa), porque, afortunadamente, esto no es Disneylandia.

Gestiona tu energía, no tu tiempo

Al inicio del libro, te planteé una reflexión poderosa:

¿Y si en vez de gestionar nuestro tiempo, gestionamos nuestra energía?

Cuando mis días eran grises, mi energía era inexistente, aunque yo seguía porque el hacer es mucho más fácil que el ser. Eso fue justo lo que yo viví en mi propio *burnout*. Estuve tanto tiempo en la zona de hacer sin sentido y supervivencia, frustrada y agobiada que, en vez de ocuparme de mí misma, llenaba los días con más tareas para evitar pensar o sentir, porque cuando tenía un día sin tareas urgentes, me ponía a llorar.

Mi energía emocional entró en un bucle de supervivencia al agotamiento. Asumí que no me podía quejar y me convertí en bombera y solucionadora a tiempo completo, apagando fuegos mientras yo, por dentro, estaba en llamas. De ahí al agotamiento hay un paso tan pequeño que, cuando quieres darte cuenta, resulta que ya estás hecha trizas.

Mientras investigaba, escribía e intentaba comprender cómo mejorar mi gestión energética, me topé con una herramienta que me hizo tomar consciencia de mi propio *burnout* —aunque por entonces ni siquiera tenía este concepto en mi propio diccionario— y de cómo prevenir esas dinámicas energéticas: la matriz de energía emocional.*

Si operas regularmente en un entorno estresante y no tienes habilidades ni herramientas sólidas —un neceser de cargadores de tu energía— para afrontar la situación, lo que sucede es que la psique pasa de una energía alta con emociones incómodas (supervivencia) a una energía baja con emociones incómodas (agotamiento). Lo que te puede llevar a sentirte triste, angustiada, insuficiente y agotada. Vacía.

En esta matriz, nos volvemos a encontrar las emociones organizadas en cuadrantes. Arriba se encuentra la alta energía y debajo, la baja. Y en los laterales se hallan las emociones incómodas y cómodas. Me encanta que podamos darle orden al sentir. Porque, cuando te preguntas qué sientes, estás ya activando la corteza prefrontal y desactivando el sistema límbico, la amígdala. Así que tan solo con esta pregunta, ya logras recalibrarte.

Esta matriz, además de la emoción sentida, representa la calidad de la energía generada y también las zonas donde esa energía emocional se transforma en rendimiento, del tipo que sea.

La energía cualitativa enfocada es próspera, es creadora, y puede transformar ideas en productos, servicios o experiencias en el mundo profesional. Para que esta capilarice tiene que estar en tierra fértil, nutrida, descansada y motivada.

Las cuatro zonas desde las que podemos operar

Zona próspera: alta energía con emoción cómoda. A la derecha de la matriz se encuentra tu zona más próspera y fértil. Aquella en la que te sientes al cien por cien para accionar con optimismo, foco y

---

* Tony Schwartz (fundador de The Energy Project) y Jim Loehr, *The Power of Full Engagement*, Simon & Schuster, 2003.

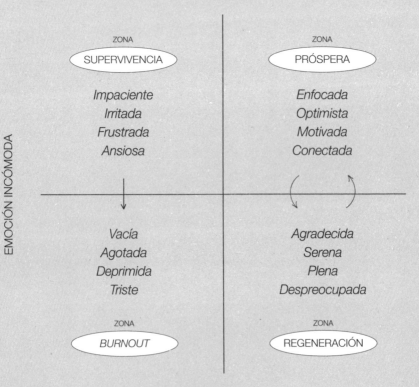

motivación. En ella, estás «a tope» por múltiples y variadas razones. Seguramente has descansado, has comido bien, tus interacciones sociales han sido satisfactorias y no has recibido ninguna mala noticia ni sorpresa inesperada. *Oh, yeah!*

En esta zona, la energía de liderazgo es inspiradora y motivadora. Una se siente muy bien teniendo un buen día, ¿verdad?

En el mundo ideal, estaríamos siempre en la zona de alta energía y emociones cómodas; sin embargo, somos humanas y eso no es posible física ni mentalmente.

Es posible que tú sientas que te hallas en esta zona, pero, a medida que pasa el día, tu entorno te intenta desplazar de este cuadrante. Imagina que una clienta ha tenido una mala experiencia con tu gestión y tú no puedes hacer nada más que esperar. Imagina que una compañera de trabajo se ha puesto enferma y te acaba de tocar presentar un proyecto, del que no tienes ni idea, en apenas una hora.

Llegaste a tope de energía y optimismo, pero el día está mutando y tu energía también. De hecho, te estás desplazando a la izquierda de la matriz en la zona de alerta, un espacio en el que hay menos paciencia y más reactividad. No llegas a todo, no podrás tachar tus tareas del día y, además, cada reunión está durando más de lo que habías dimensionado. Todo mal: bienvenida a la zona de supervivencia.

Zona de supervivencia: alta energía con emoción incómoda. La zona de alerta, familiar para todas, es de alta energía, pero con emociones incómodas y no agradables debido a la presión y al estrés generado por el entorno o por ti misma. Todas operamos en esta zona con más frecuencia de la que nos agradaría. Esta es la zona de la «ocupaditis»: estrés, listas de tareas de trabajo que no puedes acabar nunca, presión y frustración continuada. A veces, es la consecuencia de no dimensionar bien un proyecto, no obtener los resultados esperados o potenciar una cultura *top-down*, decisiones que nadie entiende y hay que acatar.

Recuerdo el estrés del lanzamiento de un videojuego para el que lideré un evento con personas de mucha mucha repercusión en las redes sociales. Ese día trabajé veinte horas en un estado de tensión constante. Fue tan memorable que tengo claro que no voy a volver a repetirlo.

Zona de agotamiento: baja energía con emoción incómoda. Esta zona incómoda tiene un impacto muy negativo para tu salud emocional, física y mental. Es más, la dinámica de los cuadrantes izquierdos es destructiva.

Esta matriz es tan visual que seguro que puedes reconocer que alguna vez has estado ahí. El bucle del agotamiento, la desesperación y la falta de energía e ilusión para cambiarlo puede llevarte a la depresión, y estamos hablando de enfermedades muy graves.

Sé lo que es sentir una pérdida personal, dar la cara por un fracaso profesional o tener que despedir a una persona a la que admiras y quieres. No es que te sientas regular, es que es una p*ta mierda. Ese sentir es muy necesario para aprender, evolucionar y seguir. Las emociones incómodas, al hacerlas útiles, proporcionan mensajes muy relevantes, a menudo complejos, pero no engañan, van de cara. Si las evitas o las escondes debajo de la alfombra, te encontrarán.

Yo tuve que parar en seco y soltar todo. No digo que eso es lo que tengas que hacer tú. Si estás en una situación compleja, pide ayuda profesional; yo siempre la pido.

Pregúntate: «¿Cómo puedo cuidar mi energía para no entrar en la zona de agotamiento?».

Zona regenerativa: baja energía con emoción cómoda. La consciencia emocional y energética nos indica cuándo necesitamos descansar y priorizar esta pausa. Esta última zona es la de la recuperación, la de reconectar, la zona regenerativa de tu productividad e incluso de tu felicidad, porque, como puedes comprobar, energía y emoción van de la mano.

Se trata de una zona introspectiva, reflexiva, de descanso a nivel físico y también mental. Una zona destensada y despreocupada donde tener que reenmarcar los retos —u olvidarnos de ellos— para recalibrar.

Aquí es donde activar la pausa, un paréntesis de energía baja y emoción cómoda. Puedes operar con un nivel de energía bajo y, aun así, apoyar positivamente a tu entorno con una energía introspectiva y reflexiva que te invita a hacer mejores preguntas. O, a veces, a estar en la sombra, porque si tú tienes que tirar de todo siempre, es que algo va mal.

Cuando te encuentras en la zona regenerativa, pueden tener lugar conversaciones enriquecedoras y productivas con las personas de tu equipo. Existen muchas estrategias, rituales personales y familiares para disfrutar sin agotar: solo recargar. Aunque cada una tiene niveles de energía diferente y parezca que haya personas que no necesiten recargarse.

Pregúntate: «¿Qué tengo qué hacer para sentirme conectada, segura y enraizada en este momento?».

Piensa en el día ideal en tu trabajo, esa jornada que para ti es perfecta porque te sientes profundamente satisfecha de tu contribución. Puedes escribir a continuación cómo es ese día, ¿qué características tiene?, ¿cómo entras emocionalmente?, ¿qué es lo que te hace sentir bien de esa jornada?

Por ejemplo, yo te diría que para mí un buen día tiene trabajo individual propio y luego trabajo en equipo (una sesión de *brainstorming*, de estatus o una sesión de mentoría). Me siento muy reconfortada tachando todas las tareas que me había propuesto a primera hora de la mañana, pues significa que habían sido bien dimensionadas. Vender hace que me sienta bien. En mi día ideal, me siento inspirada, optimista, energizada incluso después de una formación intensiva.

LAS DOS DINÁMICAS COMO PODEMOS OPERAR

La dinámica que te enciende. No podemos estar siempre al cien por cien; no es realista ni humano. Por eso, la dinámica óptima correspondería a la parte derecha de la matriz. Mucha consciencia energética y emocional para alternar ciclos de prosperidad con ciclos de pausa regenerativas para nutrirnos y recuperar nuestro desgaste energético.

La dinámica que te quema. Si estás en modo supervivencia, con estrés, tensión en ambientes altamente competitivos y hostiles, provocados por ti misma o por terceras personas, durante tiempo prolongado, acabarás en la zona del agotamiento. Eso es lo que me pasó exactamente a mí. En esa zona no hay tierra fértil, sino ceniza. Y hay mucha oscuridad, por eso es normal que no tengas ni claridad ni visión.

Entonces ¿cuál es la mejor forma de renovar tu energía, de volver a la zona de alta energía y emociones positivas?

Pausar —de verdad— de una actividad, proyecto, hábito o relación es la mejor manera, al menos para mí, para comprender y profundizar qué no fluye en esa experiencia. Discernir lo que sí de lo que no. Cuestionar, regenerar, mejorar, pulir. Comprender qué genera resistencia y bloqueo en ese momento. En nuestra sociedad la pausa penaliza porque parece que estás dejando pasar el tiempo, cuando, en realidad, lo que estás haciendo es enriquecerlo con tu sabiduría y *expertise*. Ese chup-chup es clave para fortalecer proyectos.

Los rituales me han ayudado a ser más creativa, a ser más amable conmigo —con mi entorno siempre lo soy más—, a reconectar con mi propósito y a cuestionarlo más, y a encontrar más y nuevos caminos para llegar a lo importante.

- ¿Qué prácticas pueden ayudarte a regenerarte cada día?
- ¿Qué prácticas pueden ayudarte a regenerarte cada semana?
- ¿Qué prácticas pueden ayudarte a regenerarte cada mes?
- ¿Qué prácticas pueden ayudarte a regenerarte cada trimestre?
- ¿Qué prácticas pueden ayudarte a regenerarte cada semestre?
- ¿Qué actividad puede ayudarte a regenerarte cada año?

Crea rituales como estrategia regenerativa para hacer crecer tu proyecto. Las máquinas están diseñadas para ejecutar sin tener en cuenta su estado emocional, las personas no.

Nadie sabe lo que dura una pausa, ni qué hay en ella. Por eso, puedes jugar todo lo que quieras en ese paréntesis maravilloso si así tú lo decides.

Lo que no decides te vuelve a elegir.
Quemarte o prenderte, esa es la cuestión.

NO PONGAS EL FOCO EN LO QUE NO PUEDES CONTROLAR SINO EN *qué puedes crear.*

05

ANATOMÍA
DE UN RITUAL
esencial

En este capítulo me han acompañado...
WISH ON AN EYELASH | MALLRAT
WUTHERING HEIGHTS | KATE BUSH
313 | RESIDENTE, SILVIA PÉREZ CRUZ
Y PENÉLOPE CRUZ

En un mundo saturado de distracciones, opiniones no pedidas y polaridad, encuentro mucho refugio en la simplicidad. No como un retorno a lo sencillo, sino como una celebración de lo esencial.

Me genera mucho rechazo la cultura del más y mejor. Creo que en el menos coexisten las claves de cualquier ritual que transforma y perdura: la simplicidad y el significado.

- ¿Es significativo para ti?
- ¿Es simple para ti?
- ¿Es simbólico para ti?

Sí, sí, sí. Una triple afirmación que nos indica que vamos por buen camino. En la que hallamos la profundidad y el poder transformador, sin miedo a que se marchiten con el paso del tiempo porque otros florecerán.

Al crear un ritual, despojamos lo superfluo, destilamos la experiencia hasta su *core* vital. Apagamos el ruido y sintonizamos los sentidos.

Abrimos los poros.

Es un acto de soltar lo innecesario, de abrazar lo mínimo para encontrar lo máximo.

¡Sí, sí, sí!

SI EL RITUAL TUVIERA UN MANIFIESTO, PODRÍA SER ESTE

A lo largo de la historia, el ritual ha sido estudiado desde múltiples disciplinas: la antropología lo explora como un pilar ancestral que sostiene las sociedades contemporáneas; la espiritualidad, como un vehículo hacia lo sagrado; la sociología lo analiza como un mecanismo de cohesión social y la construcción de la identidad individual y colectiva; y la psicología lo considera una herramienta que ayuda al equilibrio y la regulación emocional.

Sin embargo, a pesar de las diferentes líneas de investigación en torno al ritual, ninguna definición ha capturado plenamente su capacidad para transformar y encender tu poder personal. Los rituales no solo dan forma a nuestras culturas, sino que también tienen un poder profundo para transformar las creencias, emociones, palabras y acciones de quienes los practican.

En mi propia investigación para construir este libro, no encontraba de manera completa las condiciones *sine qua non* de la práctica. ¿Cuándo es un ritual, ritual? ¿Cuándo no lo es? ¿Por qué?

En este manifiesto, exploro una perspectiva diferente: el ritual como un catalizador para el liderazgo, una herramienta poderosa para encender la influencia, el propósito y la autenticidad en quienes lo integran en su vida. Una visión que fusiona la tradición y el simbolismo del ritual con el poder de guiar y liderar, creando un camino más consciente y significativo hacia una nueva cultura del éxito.

Quizá, por eso, si el ritual tuviera un manifiesto, podría ser el siguiente:

1. **Un ritual es una experiencia intencional.** La intención es lo que diferencia y, a la vez, eleva esa acción y la convierte en una experiencia cargada de significado y simbolismo. Esa intención marca su propia relevancia, ya sea un momento de conexión, una transición o una celebración.
2. **Un ritual es un portal a un sentir nuevo.** Desde una perspectiva psicológica, los rituales tienen el poder de crear un estado emocional inédito. Varios estudios mencionados han demostrado que realizar rituales, incluso simples como tomarte un momento para respirar profundamente, puede reducir el estrés y la ansiedad y llevarte de un estado emocional incómodo y estresante a otro cómodo y agradable.

3. **Un ritual nunca es el qué, siempre es el cómo.** La conexión con la práctica es clave. No se trata de la acción en sí; se trata de cómo tú la haces para que tenga sentido para ti. La simbología la convierte en algo relevante y profundo.
4. **La potencia del ritual reside en la presencia.** La presencia plena (*mindfulness*) en los rituales se asocia con la activación de un estado mental que favorece la presencia y el bienestar, y reduce la rumiación mental y la hiperactividad. Esta presencia puede ir de la atención a la inmersión.
5. **En un ritual lo relevante es el proceso, no el resultado final.** En muchas culturas, los rituales se valoran no por lo que producen, sino por lo que representan y por el proceso en sí.
6. **La repetición consolida la propia acción.** La repetición de los rituales es clave para fortalecer las conexiones neuronales asociadas con esas prácticas, lo que permite que se conviertan en una parte natural del comportamiento individual o colectivo, sin perder el propio significado.
7. **El ritual reivindica y celebra quiénes somos.** También sirven para reafirmar y reivindicar quiénes somos, tanto a nivel individual como colectivo. Antropológicamente, los rituales han sido utilizados para marcar hitos importantes en la vida de las personas, reivindicando su lugar en el mundo y en su comunidad.
8. **El ritual te convierte en alquimista: te devuelve tu poder.** De la ansiedad a la resiliencia. Los rituales son un atajo al reequilibrio vital, un momento de pausa. Investigaciones en neurociencia sugieren que pueden calmar el sistema nervioso y reducir los niveles de cortisol, la hormona del estrés. El simple hecho de hacer una pausa para realizar un ritual permite al cuerpo y a la mente reequilibrarse. Este momento de pausa consciente interrumpe el ciclo de sobreestimulación

en la vida moderna, restaurando el bienestar psicológico y físico.
9. **Un ritual es un acelerador de significado.** Los rituales tienen la capacidad de profundizar experiencias, generar conexiones más profundas y dotar de valor simbólico a las acciones, lo cual acelera la comprensión y el impacto emocional en quienes participan.
10. **Un ritual es transversal.** Al integrarlo en contextos como los negocios o la marca, un ritual no solo añade una capa de significado, sino que también refuerza la narrativa y los valores detrás de una acción o decisión. Se crea así un vínculo más fuerte entre los participantes o consumidores y la marca.

DISEÑA RITUALES QUE TRANSFORMAN

> Tus creencias se convierten en tus pensamientos, tus pensamientos se convierten en tus palabras, tus palabras se convierten en tus acciones, tus acciones se convierten en tus hábitos, tus hábitos se convierten en tus valores, tus valores se convierten en tu destino.
>
> Mahatma Gandhi

Cuando me quemé y decidí cerrar una de las etapas y proyectos que más nutrían mi propósito vital, un software catastrofista se instaló en mi mentalidad. Aunque tenía claro que pausar, parar o rectificar no tiene nada que ver con fracasar, me sentía como si yo misma me hubiera arrancado una parte de mí, a conciencia, y quisiera pasar el luto cuando la única responsable de esa pérdida era yo.

Detecté muy rápido una narrativa destructiva y una negatividad e irritabilidad que nublaba cada grieta de claridad que había quebrado dentro de mí. Como si me hubiera puesto un velo negro y mirara la vida a través de él. Todo se veía opaco, oscuro y confuso. Y empecé a cuestionarme mi validez como profesional y como emprendedora, aunque los hechos objetivos indicasen lo contrario.

No busques evidencias de que no eres suficientemente buena, porque las vas a encontrar. ¿Recuerdas el sesgo de confirmación?

Me sentía tan decepcionada conmigo que, cuando la sensación de impostora y la negatividad se unieron a mi fiesta de penitencia, yo misma me hice una intervención. Una intervención es una estrategia donde, de manera cordial y respetuosa, hackeas al sistema de creencias a través de preguntas inteligentes con amabilidad y sin juicio para cambiarlas.

Yo la he aplicado algunas veces con mis amigas. Suelo utilizar la pregunta: «¿Puedo compartir contigo cómo lo veo, o te veo, yo?». Porque el sesgo de negatividad actúa en bucle y solamente puedes escapar de ese *loop* y convertirlo en espiral si evolucionas o aprendes.

Me percaté de que mi creencia estaba limitando mi sentir, este sentir estaba afectando a mi narrativa, y esta narrativa, a mi comportamiento. Mi creatividad se encontraba drenada; mi visión, estrábica, y mi ansiedad, disparada. De hecho, de tanto evitar el dolor de manera recurrente, creé mi propio Ministerio de Ansiedad, cartera incluida.

Si estás en un momento en el que te sientes identificada, te recomiendo que acudas a una profesional acreditada. En numerosas ocasiones psicólogas, terapeutas holísticas y coaches de diferente índole me han ayudado en mi vida. Por eso tengo una bolsa llena de cargadores y recursos que me ayudan a encarar la vida con resiliencia.

El ritual es una práctica profunda y holística porque actúa de forma simultánea en múltiples áreas. En la mente, donde influye en nuestras creencias, ideas, pensamientos y patrones mentales; en el cuerpo, a través de los sentidos, el movimiento, las palabras e incluso los comportamientos incorporan el ritual a nuestra realidad en el plano físico; y la esencia, esa parte más profunda que conecta con lo auténtico, lo espiritual, lo simbólico, lo intuitivo o lo significativo: aquello que tiene sentido para ti ahora.

Así fue como empecé a descubrir el impacto de esta práctica. Ya sabes que para eliminar un mal hábito hay que identificarlo y luego sustituirlo por otro menos nocivo. En este caso, cambié el velo negro por unas gafas rosas que me abrieron a lo nuevo con una mentalidad posibilista.

La vie en rose es un ritual para una mentalidad de crecimiento. Las personas con mentalidad de crecimiento ven los desafíos como oportunidades para aprender y mejorar, en lugar de como obstáculos insuperables.

El cambio de mirada es un ejercicio de neuroliderazgo que he practicado con algunas de mis clientas y que bebe del concepto *growth mindset*, desarrollado por la psicóloga Carol Dweck, que se basa en la idea de que las habilidades y la inteligencia pueden desarrollarse con esfuerzo, dedicación y perseverancia.

Seguro que has oído muchas veces «La vie en rose», una canción cuyo título es una popular expresión francesa que significa «ver la vida en rosa», es decir, de manera optimista, de forma entusiasta y alegre. La cuestión es que Édith Piaf me inspiró a comprarme unas gafas de color rosa para cambiar mi filtro vital.

Durante tres meses, me dediqué a subir la montaña que tengo detrás de casa con mi chubasquero multicolor y mis gafas rosas para ver la vida desde una nueva perspectiva. Literal. Mi intención era clara, aceptaba el luto, la cueva, el invierno y sostener el vacío durante el tiempo que hiciera falta, pero no desde la negatividad y la oscuridad. Necesitaba encenderme de nuevo. Cada vez que me sentía desmotivada y ansiosa, me ponía mis gafas rosas y salía a caminar.

Parecía algo simple, casi infantil, pero fue profundamente transformador. ¿Por qué? Porque, con esas gafas, mis pensamientos cambiaban radicalmente.

Por supuesto, esas gafas tenían implícitos unos acuerdos:

- Nada más ponérmelas me hacía una pregunta: «**¿De qué me siento agradecida ahora mismo?**». Al centrarme en lo positivo, mi mente se alejaba de la incómoda ansiedad y se enfocaba hacia la abundancia y las oportunidades.
- No podía mirar al pasado con resentimiento, sino con agradecimiento. Siempre empezaba las preguntas de la siguiente forma: «Y si...». En lugar de limitarme a lo que parecía imposible o inalcanzable, mis gafas rosas me ayudaban a expandir mis posibilidades. «¿Y si esto no es el final, sino un nuevo comienzo?», o «¿Y si este desafío es, en realidad, una oportunidad disfrazada?». Estas preguntas me permitían visualizar soluciones, abrirme a lo desconocido y abrazar lo nuevo sin expectativas.
- Las preguntas «**¿Qué aprendí de esto? ¿A quién conozco que admiro y me inspira? ¿A quién no conozco personalmente y me inspira? ¿Quién me puede enseñar a...?**» me ayudaban a avanzar, porque ponían imágenes a aquello que quería pero no sabía expresar, al menos todavía.

Desde ese filtro posibilista, me hablaba mejor, me hacía mejores preguntas, me sentía reconfortada y empecé a notar que estaba mucho más inspirada. Me desconecté de lo que alimentaba el Ministerio de Ansiedad y solté hasta la cartera. Y empecé a crear el Ministerio de la Posibilidad, para sostener ese vacío con tanta oscuridad como amor.

La caminata sincroniza de forma natural el movimiento con la respiración, reduce los niveles de cortisol (la hormona del estrés) y activa el sistema nervioso parasimpático, que induce a la calma.

La combinación de movimiento, un cambio de entorno, la naturaleza y un enfoque mental positivo tiene un efecto profundamente regenerador en el cuerpo y la mente.

Reitero porque quiero, que quede muy claro.

Si estás lidiando con un problema de salud mental, deja este libro y ponte en manos de una profesional. Confío en ti y en tu criterio. Luego, hazte con unas gafas rosas o imagínatelas vívidamente. No necesitas comprar nada para sentirte mejor. La dopamina barata sale cara.

El ejercicio de ponerte las gafas rosas está estrechamente relacionado con el desarrollo de la mentalidad de crecimiento versus la fija. A continuación puedes ver la versión más rigurosa:

MENTALIDAD FIJA	MENTALIDAD DE CRECIMIENTO
Evitar retos.	Ver los retos como oportunidades.
Huir del feedback (seguramente por malas experiencias).	Abrazar el feedback de manera constructiva.
Focalizarse tan solo en el resultado final.	Focalizarse en el proceso, no en el resultado.
Sentirse amenazada por el éxito ajeno.	Ser inspirada por el éxito ajeno.
No saber aceptar las errores y los fracasos.	Saber levantarse y crecer a partir de los errores.
Huir de lo no conocido.	Siempre ampliar la zona de confort.

Creer que el talento es estático.	Creer que el talento está en todo momento evolucionando.
Sentencias típicas de una mentalidad fija: No puedo hacerlo. No sé. Esto es demasiado duro. Soy demasiado... (mayor, joven, alta, inexperta...) para... No soy suficiente. No estoy preparada. No se me da bien.	**Frases posibilistas y amables de una mentalidad de crecimiento:** Y si... No sé, ya preguntaré. ¡Qué retazo! ¿Cómo aprendo? Nunca es demasiado tarde. Ahora es mi oportunidad... ¿Quién me inspira? ¿Qué he aprendido?

La mentalidad de crecimiento y los rituales son aliados naturales. Mientras que la primera requiere un cambio en la forma en que interpretamos los desafíos y el fracaso, los rituales proporcionan el contenedor simbólico y la práctica para consolidar estos cambios. Juntos, permiten una transformación profunda y ligera, ayudan a reconectar la mente para que juegue a nuestro favor y nos mantienen enfocadas en el aprendizaje, el crecimiento y la superación constante.

Las tres dimensiones del ritual: tipologías de prácticas

El ritual es una práctica profunda, pero hay que hacerla ligera, gustosa, vívida. Si el ceremonial es complejo, quizá te estás centrando en el adorno y no en la transformación.

LA HOLÍSTICA DEL RITUAL

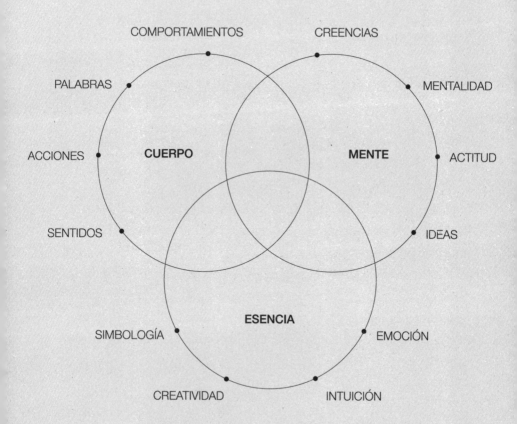

El ritual te ayudará a poner en pausa un bucle de negatividad, estrés e incluso desesperación puntual. Porque trabaja de manera holística en diferentes planos que intersecan: mente, cuerpo y esencia.

1. **Mente:** Los rituales están diseñados para influir en el plano mental, ayudando a centrar la atención, organizar pensamientos y crear patrones de creencias. Al repetir un ritual con intención nítida, el cerebro puede ser reprogramado a través de la neuroplasticidad, vinculando emociones y comportamientos de forma consciente.
2. **Cuerpo:** Mediante acciones físicas repetitivas, como gestos, palabras, movimientos o la interacción con objetos, el ritual conecta lo físico con lo simbólico. Si tienes peques en casa, conocerás la importancia del juego simbólico. El cuerpo es nuestro vehículo para la acción y la interacción con el mundo. El modo como utilizamos las palabras, el comportamiento y los sentidos impacta directamente en nuestro poder creativo, productivo e incluso relacional.
3. **Esencia:** Un ritual toca una dimensión más profunda, conectada con lo espiritual y lo significativo. Este componente de esencia es lo que nos hace sentir conectados con algo mayor que nosotras mismas, sea una intención espiritual, un propósito vital o una conexión con otros seres o con la naturaleza. La creatividad, la autoexpresión, la búsqueda del sentido de la vida o el arte son prácticas que activan nuestra propia esencia y pueden ayudar a expresar y conectar con nuestra espiritualidad. Cuando hacemos lo que hacemos, lo hacemos porque nos genera un sentido.

Esta integración holística es lo que explica que los rituales sean tan poderosos, ya que permiten un proceso de transformación completo que afecta no solo a lo que pensamos y creemos, sino a lo que sentimos y cómo actuamos y nos potenciamos.

Al integrar estas tres dimensiones (mente, cuerpo y esencia), el ritual transforma lo que pensamos, pero también lo que sentimos y hacemos. Se trata de un proceso completo que une lo interno con lo externo, permitiendo que nuestras creencias se materialicen en acciones conscientes y que nuestra esencia se exprese en el mundo con coherencia y propósito. Esta visión forma parte de mi manera de comprender el poder del ritual y, sobre todo, desmenuzar una metodología que te permitirá moldear tu mentalidad.

¿De qué puede estar hecho un ritual? De actividades de diversa naturaleza que potencian mente, cuerpo y esencia de forma individual, interdependiente y complementaria, y que puedes infusionar en tus propios rituales para volver a ti.

El ritual es una herramienta que te permite tomar consciencia de cómo tu mente inconsciente lidera tu día a día y cómo intervenirla con una pequeña revolución experiencial y emocional, diseñada para producir un cambio sistémico que ponga a la persona en el centro.

Cuando pierdas la cabeza, encuéntrate en el cuerpo.
Cuando te pierdas en el cuerpo, encuéntrate en tu propósito.

Comparto contigo algunas actividades que pueden ayudarte a dar forma a tus rituales habituales:

MENTE	CUERPO	ESENCIA
Meditar	Moverte	Actividades creativas
Visualizar	Estirar el cuerpo	Autoexpresión
Escribir	Bailar	Arte
Journaling	Entrenar	Propósitos
Escuchar pódcast	Masajearte	Impacto positivo
Escuchar *binaural beats*	Respirar	Valores
	Descansar	Imaginar
Ir a terapia	Dormir	Practicar gratitud
(la que sea)	Activar los sentidos mediante:	Hacer comunidad
Hacer un puzle		Fluir
Plantearte mejores preguntas	• Hidratación	Tomar decisiones coherentes
Enunciar afirmaciones positivas	• Escuchar música	Participar de actividades colectivas
	• Cantar	
Tararear	• Bañarte o ducharte (con agua fría o caliente)	Practicar el altruismo
Practicar *mindfullness*		Relaciones cálidas
Leer (incluida la poesía)		Relaciones equilibradas
Aprender algo nuevo	• Oler aceites esenciales (aromaterapia)	
Caminar en la naturaleza	• Saborear (algo que nutra tu cuerpo)	

A través de los sentidos

El fondo y la forma son relevantes en los rituales. De hecho, cuando cuidamos la forma, el cómo hacemos las cosas, transformamos profundamente el fondo, el qué estamos haciendo. Lo que marca la diferencia no es solo qué hacemos, sino cómo lo hacemos.

La belleza a menudo se considera algo superficial; sin embargo, el educador social y maestro zen Bernard Glassman ha defendido la importancia de servir la comida en los comedores sociales de manera estética, lo que me hizo reflexionar sobre la profundidad y la necesidad de la belleza. Cuando algo me inspira, me empuja a querer inspirar. Y la belleza se percibe a través de los sentidos.

Desde que Aristóteles escribió sobre los sentidos en su tratado *Acerca del alma*, alrededor del año 350 a. C., el concepto de los cinco sentidos ha perdurado a lo largo del tiempo como una verdad incuestionable. Hace un par de años, de la mano de Nazareth Castellanos, una de las neurocientíficas más relevantes e influyentes de nuestro país, aprendí que ya no hay cinco, sino siete sentidos. ¡Siete! Se habla de ocho, doce e incluso treinta y tres.

¿Cómo podemos ir por la vida sin saber esto? ¿No podrían darnos esta información en *prime time*, en lugar de retransmitir programas donde las personas, en vez de conversar, gritan?

Existen los sentidos que ya conocemos (la vista, el gusto, el tacto, el oído y el olfato) y otros tres con los que no estamos tan familiarizadas: el vestibular (relativo al equilibrio), el propioceptivo (movimiento) y el interoceptivo (interno).

Los sentidos influyen en la percepción y en la generación de experiencias.

Según un estudio sobre neuromarketing realizado por la Universidad Rockefeller,* nuestra capacidad para recordar nuestras experiencias sensoriales es:

1 % de lo que tocamos,
2 % de lo que oímos,
5 % de lo que vemos,
15 % de lo que saboreamos y
35 % de lo que olemos.

---

* <https://www.rockefeller.edu/research/vosshall-laboratory/166855-publications/>.

Crear inmersión en una experiencia o ritual requiere involucrar los sentidos de manera estratégica, ya que estos son los canales principales a través de los cuales percibimos y procesamos el mundo. Cuando todos los sentidos se activan, no solo capturamos la atención de las personas, sino que también podemos generar una conexión más profunda y memorable con la experiencia.

Veamos cómo pueden usarse los diferentes sentidos para crear una inmersión poderosa.

La vista: crea belleza y simbología

La vista es un sentido poderoso y persuasivo. Y seguramente es el que recibe más atención: la mayoría de la información que procesamos proviene de los ojos.

El cerebro procesa las imágenes sesenta mil veces más rápido que los textos, por lo que los estímulos visuales son clave en la primera impresión de una persona o un producto o una experiencia.

El sentido de la vista es uno de los más influyentes para captar la atención y crear una atmósfera que te haga sentir bien. Con él, puedes:

- Diseñar escenarios atractivos: cuida el ambiente, desde la iluminación hasta los colores, para generar una atmósfera que potencie el propósito del ritual o experiencia.
- Utilizar símbolos visuales: integra elementos con significado, como velas, cristales o imágenes, que refuercen la narrativa de la experiencia.
- Emplea juegos de luces y sombras: la luz tenue o ambiental puede cambiar radicalmente el estado de ánimo y generar mayor intimidad y concentración.

El oído: la música envuelve la experiencia

La música se relaciona directamente con el estado de ánimo y la generación de recuerdos a largo plazo. Puede producir emociones, sentimientos y experiencias en las personas y hacer que estas actúen de manera diferente en diversos ambientes, dependiendo del tipo de música que esté sonando en un momento dado.

El sonido genera un gran impacto en la inmersión, ya que puede transportar emocionalmente a los participantes. Podemos destacar tres tipos de sonidos:

- **Música:** La música adecuada puede llevar a las personas a diferentes estados emocionales, desde la calma hasta la motivación. La elección de la música debe ser cuidadosa, alineándose con los objetivos del ritual.
- **Sonidos naturales:** El sonido del agua, el viento o de la naturaleza, en general, puede conectar a los participantes con una sensación de paz y equilibrio.
- **Silencio:** Puede ser igual de poderoso, proporcionando espacio para la reflexión y la conexión interior.

El olfato: crea recuerdos emocionales

El olfato es el sentido con mayor relación con la memoria y las emociones, ya que los olores son procesados por el sistema límbico, la parte del cerebro que regula las emociones. De hecho, las personas recuerdan el 35 por ciento de lo que huelen, en comparación con solo el 5 por ciento de lo que ven.

El olfato es muy distinto al resto de los sentidos. Necesitamos diez veces más tiempo para detectar un olor que para percibir visualmente un objeto, pero, asimismo, las sensaciones olfatorias se desvanecen con mayor lentitud. Por otro lado, tardamos el doble en relacionar un olor con un recuerdo que viendo una palabra o una imagen.

El olfato está directamente conectado con la memoria y las emociones, lo que lo convierte en una herramienta clave para crear experiencias inmersivas.

A través de la aromaterapia, por ejemplo, es posible anclar momentos con fragancias. Así, utilizar un aroma particular en puntos clave del ritual puede ayudar a que los participantes asocien ese aroma con un estado mental específico, creando un anclaje emocional.

Algunos aromas o aceites esenciales que pueden ayudarnos en lograr nuestros objetivos en los rituales son:

- **Lavanda:** Calma y bienestar. Equilibra las emociones alteradas y genera paz y armonía, purifica el ambiente de mala energía y favorece el desarrollo espiritual en la vida cotidiana.
- **Romero:** Transición y gratitud. El romero es un símbolo del amor, la amistad y conecta con la humildad y el agradecimiento; se consideraba que daba el poder de la concentración, activaba la memoria y favorecía el recuerdo.
- **Geranio:** Foco y performance. Una flor cuyo aceite esencial impulsa la acción, la bajada de ideas a los hechos terrenales y fomenta la energía de la construcción de proyectos desde una perspectiva equilibrada y positiva.
- **Bergamota:** Colaboración y conexión. Un cítrico maravilloso que restablece la comunicación entre cerebro y corazón, ayuda en la comunicación verbal y también tiene grandes propiedades sobre la ansiedad.
- **Ciprés:** Visión y decisión. A nivel terapéutico, equilibra el sistema hormonal femenino, combate el agotamiento físico y nervioso. Emocionalmente, aporta fuerza de voluntad, optimismo y calma.

- **Naranja (u otros cítricos):** Creatividad y autoexpresión. El aceite esencial de las ganas de vivir y la alegría. Favorece los pensamientos positivos, elimina tensiones y promueve el buen humor.

¿Cómo lo hago yo? Cuando necesito cambiar de estado emocional elijo un aroma que pueda llevarme ahí y me hago un automasaje o añado unas gotitas en el difusor para dispersar el aceite esencial en todo el ambiente. De hecho, es algo que hacemos habitualmente en mi casa o en la oficina: cuidar los espacios y las personas. Aportar un olor adecuado a la actividad o al estado emocional adecuado potencia los resultados, porque cuando te sientes bien, creas mejor.

El gusto: el sabor como anclaje

Es uno de los sentidos más íntimos y complejos, pues los otros sentidos actúan como filtros. Un pastel me sabrá más o menos bien, en parte, por su apariencia, su olor y su tacto.

El sentido del gusto, aunque menos utilizado, puede crear una experiencia profundamente sensorial:

- **Pequeños momentos de degustación:** Saborear algo de forma consciente fomenta la atención plena y refuerza la importancia del momento.
- **Asociación con emociones:** Un sabor dulce o amargo puede alinearse con la temática emocional de la experiencia, añadiendo una capa más al ritual.

En una de las últimas experiencias que he organizado, pedí a Natalia Ramírez, creadora de la heladería Selvática, en el corazón del barrio de Gràcia, que nos hiciera un helado emocional con sabor a confianza, felicidad y sorpresa. En una degustación a ciegas debíamos identificar los ingredientes que nos llevaban a cada una de esas emociones, y que resultaron ser fresa, yuzu y petazetas. Comparto contigo la visión creativa de Natalia: «La fresa es una fruta conocida por todos; la presentamos en versión sorbete como una alusión a la transparencia del sabor, a la confianza que genera lo cercano, auténtico y sin ornamentos. El yuzu es un cítrico de origen japonés cuyas moléculas aromáticas tienen el poder de generar confianza, optimismo, alegría y buen humor. Hemos combinado la fresa con el zumo de yuzu para obtener un sabor fresco y cítrico, y añadimos el aceite esencial para potenciar la influencia que tiene esta fruta sobre las emociones. A modo de topping intencional, unas pepitas de petazetas cubiertas de chocolate que, al entrar en contacto con la saliva, provocarán una agradable sorpresa final».

El tacto: contacto con la sensación

El tacto es el primer sentido que desarrollamos cuando estamos en el útero.

Cuando es agradable, puede liberar oxitocina, la llamada «hormona del amor», que promueve sentimientos de bienestar y conexión. El tacto nos ayuda a repensar de manera corporal, por lo que en muchos de mis talleres es un elemento físico que permite anclar una idea más sencilla y vívidamente.

El sentido del tacto puede profundizar la conexión con la experiencia de las siguientes formas:

- **Texturas y objetos:** Introducir elementos táctiles como telas suaves, piedras o madera en los rituales proporciona una sensación de *grounding* o conexión con la tierra.
- **Involucrar el cuerpo:** Ya sea a través de movimientos simples, gestos o tocando ciertos objetos, el acto de sentir físicamente refuerza la experiencia emocional e intelectual.

La potencia de un ritual reside en cómo este involucra nuestros sentidos de manera consciente:

- **Vista:** Crea belleza y significado a través de símbolos, color, luz y diseño.
- **Oído:** Modula emociones mediante música, sonido o silencio intencional.
- **Olfato:** Ancla memorias y emociones; es el que llega más directo al cerebro emocional.
- **Gusto:** Invita a la presencia plena y la conexión íntima.
- **Tacto:** Enraíza la experiencia en el cuerpo y promueve la conexión a través del elemento.

La experiencia sensorial no es decorativa, sino transformadora; es lo que convierte un acto ordinario en un ritual significativo.

Realmente, no necesitas nada físico para crear un ritual, pero los materiales te ayudan a conectar con los sentidos y a generar el efecto vívido de la inmersión.

VISTA

- Colores
- Velas
- Cristales o piedras naturales
- Flores frescas o secas
- Fotografías o imágenes simbólicas
- Cartas conversación u oráculos proyectivos
- Luces suaves o guirnaldas de luces
- Carteles con afirmaciones o palabras clave
- Boli y papel para escribir

OÍDO

- *Playlists* emocionales
- Instrumentos de percusión suave (maracas, cuencos, tambores pequeños)
- Reproductor de música para sonidos relajantes o mantras

TACTO

- Texturas: telas suaves como terciopelo o seda
- Objetos cálidos o fríos (piedras calientes, hielo)
- Aceites esenciales para masajes
- Arcilla o barro

OLFATO

- Incienso
- Aceites esenciales (lavanda, eucalipto, etc.)
- Hierbas frescas o secas (romero, salvia, menta)
- Flores aromáticas (rosas, jazmín)
- Perfumes suaves
- Velas aromáticas

GUSTO

- Té (manzanilla, menta, jengibre, macha)
- Frutas frescas o deshidratadas
- Miel o dulces naturales
- Chocolates amargos
- Frutos secos
- Agua infusionada con hierbas o cítricos

LOS SIETE SENTIDOS

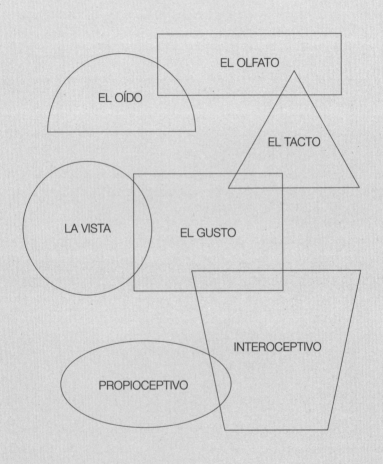

ELEMENTOS Y ESTRUCTURA DE UN RITUAL ESENCIAL

En el libro *Rituales cotidianos*, su autor, Mason Currey, narra los rituales de más de ciento cincuenta artistas que incluyen cómo estos pensaban, creaban e incluso procrastinaban. «La rutina diaria de cada cual representa una colección idiosincrásica de compromisos, neurosis y supersticiones», dice Currey. Hilarante. Pues así es. Entre la neurosis y la cultura con la que te has criado, no tengo ninguna duda de que has diseñado y experimentado gran variedad de rituales en tu vida.

Piensa: ¿cuántos «Cumpleaños feliz» has entonado?, ¿en cuántas bodas te has desmelenado?, ¿cuántas Navidades has celebrado?, o ¿en cuántos solsticios has pedido que se fuera lo que ya no te sirve?

¿Por qué algunos rituales te encantan y otros los detestas? ¿Qué estructura tiene un ritual esencial?

Un ritual puede ser tan sencillo como escribir un pensamiento en un diario de agradecimiento, o tan sofisticado como una ceremonia de apertura de las Olimpiadas. Ni siquiera Lady Gaga consigue que mantengas tu atención prolongadamente.

Aunque no necesitamos complicados preparativos ni elaboradas ceremonias para tocar el alma, quiero compartir contigo cuál es la estructura secuencial de un ritual esencial, pues el orden de los factores, en este caso, sí altera el producto.

A veces no somos conscientes de la importancia de la secuencia del propio ritual porque está tan integrado que lo vivimos como si fuera un hábito: cero emoción, pura transacción. Pero ¿verdad que una se come doce uvas a medianoche y no a media tarde? ¿Verdad que soplar una vela en un pastel, o en lo que sea, en una celebración de cumpleaños es mucho más relevante que cualquier regalo?

La anatomía esencial de un ritual consta de cinco pasos, una secuencia nítida que conserva la magia para que este impacte y transforme. Veámoslo con el ejemplo de una celebración de cumpleaños; un ritual que, aun con hermosas diferencias y controversias, seguro que compartimos. ¡Vamooos! «Cumpleaños feliz, cumpleaños feliz, te deseamos todas: _____» (acábalo cantando).

Quizá se trate del ritual más extendido por el mundo. Con el análisis de este ceremonial verás de manera nítida los cinco elementos que constituyen el poder del ritual. Cuando hagas tuya esta secuencia, te habrás convertido en una ritualista profesional.

Paso 1. La intención

La base de todo ritual es una intención clara y consciente de por qué hago lo que hago.

La intención actúa como una brújula, guiando nuestras acciones y dándoles un propósito específico. Antes de iniciar cualquier ritual, es crucial definir qué queremos transmutar, honrar o pausar. Esta intención puede ser tan simple como cultivar gratitud, buscar paz interior o conectar contigo misma.

- ¿Por qué el ritual?
- ¿Cuál es la intención del ritual?
- ¿Cómo quiero que este me haga sentir?

Una dirección, una brújula, un camino: esa es la intención.

Importante: no confundas intención con expectativa o te harás pupita. La expectativa mata cualquier ápice de creatividad, pues ya sabes el final que ansías, y en las pelis el final está escrito, pero en la vida no. Y si ya me sé el final, ¿para qué estar presente?

La expectativa es una fantasía, un final *made in* Hollywood que lejos de ayudarnos en nuestra práctica solo nos traerá frustración porque pocas veces la realidad supera tu imaginación.

Es importante tener claro qué impacto o transformación queremos abrazar con el ritual. Ya que la intención es el propósito que motiva la acción, y no tiene que ver con un resultado tangible, sino con una motivación. La expectativa tiene apego a un resultado concreto y lo que me agrada del ritual es que lo suelta todo.

Por ejemplo, claro que me encantaría que este libro fuera un best seller y llegara al máximo número de personas, y que el ritual alcanzara entornos y espacios nuevos. Sin embargo, crear un ritual para escribir un best seller solo va a alimentar mi ego y me va a llevar a una frustración del tamaño de la galleta que me voy a dar cuando no consiga esa proeza. Porque, por mucho que active mi ilusión y pensamiento mágico, lo único que podría catapultar las ventas es, aparte de un buen producto, una mejor campaña de marketing, que mi libro no compita con otros de índole parecida cuando se publique y, sobre todo, pensar en cómo generar valor para ti: para mi lectora.

Y salvo este último punto, todo ello está fuera de mi control. Por tanto, puede ser una película con final catastrófico.

En cambio, mi intención es sentarme cada día a escribir de una a tres horas con apertura, inspiración y consistencia, y disfrutando de este proceso para que consiga hacerte llegar esa emoción.

Ejemplo del cumpleaños: La intención de este ritual es honrar a la persona, celebrarla. No importa si es de manera multitudinaria o íntima.

Paso 2. La conexión con la práctica

Cuando hablo de conexión, me refiero a la importancia de explorar aquellas prácticas o elementos sensoriales, simbólicos o contextuales que te encienden, que te emocionan, que te nutren. Que tienen sentido para ti ahora, teniendo en cuenta cómo te quieres sentir.

Estas prácticas nos ayudan a amplificar nuestra intención y, lejos de tener un talante funcional, nos invitan a entrar en la experiencia a través de todos los sentidos, invitando a que nuestra atención se quede.

Estos elementos simbólicos pueden ser objetos físicos (una foto, una vela, una flor) o elementos naturales que estimulan los sentidos (movimientos, palabras, música, olores, texturas, colores, sabores, historias, luz o incluso espacios, personas); elementos naturales que resuenan con nosotras y refuerzan el propósito del ritual.

Esta simbología y dimensión estética y sensorial nos proporciona una dimensión tangible a nuestra intención, anclándola en la realidad y creando una práctica que conecta profundamente con nosotras y, por tanto, la hace más atractiva e inmersiva.

- ¿Qué práctica te conecta, te tracciona o te motiva con la emoción intencionada?
- ¿Qué elementos o sentidos te conectan, te traccionan o te motivan más?
- ¿Qué símbolo o elemento puedes incorporar en el ritual que refuerce y amplifique la intención?
- ¿Por qué es significativa para ti ahora?

Ejemplo del cumpleaños: La simbología y los elementos de conexión en este ritual de celebración son nítidos, desde el pastel, las velas o prender el propio fuego pasando por la canción de la celebración. Todos estos elementos forman parte de la simbología y lo que nos conecta con el ritual, y obviamente podemos personalizarlos para que conecten con la persona cuyo cumpleaños celebramos. A mi madre no le haré un pastel de los

> Minions, no sé si me explico. A veces las circunstancias no nos permiten tener un pastel, pero soplamos las velas. Eso nos puede indicar que, quizá, lo más relevante no sea el pastel.

Paso 3. La atención

La atención plena o presencia es el corazón del ritual.

Estar presentes con plenitud significa involucrar todos los sentidos y enfocar la mente en el momento presente, sin distracciones, con la complejidad que implica hoy en día encontrar espacios para conectar contigo.

Pero si no hay atención plena verdadera, no hay recompensa emocional, no hay ritual. Para conseguir esta atención, es clave que la conexión a través de elementos y la propia actividad del ritual nos ayude a generar un espacio inmersivo, en el que nos cueste salir de la burbuja que acabamos de crear. Es la atención consciente la que nos permite experimentar el ritual de manera profunda y significativa.

- ¿Cómo puedes asegurarte de estar completamente presente y enfocada durante tu ritual?
- ¿Cómo será la estructura de esa práctica?
- ¿Cuál será su duración?
- ¿De qué forma puedes hacerla vívida e inmersiva?

Ejemplo del cumpleaños: Recuerda que el ritual no es el qué, es el cómo. En este caso resulta muy nítido porque la secuencia es clara y compartida. Primero se prepara el pastel, se encienden las velas y la gente canta. Después la persona que cumple años pide un deseo en silencio (esto siempre me ha parecido extraño porque el fuego, en el lenguaje simbólico, no es un elemento de deseo, sino más bien de soltar para transmutar) y luego sopla las velas. (Y siempre hay alguien inmortalizando el momento). Para acabar, puede que se entreguen regalos. Y aunque existen muchas variaciones —la forma del pastel, las velas que no se apagan nunca, las canciones alternativas («Cumpleaños total» de Los Planetas o «Com està el pati» de Oques Grasses, como en un cumpleaños de mi hijo)—, todas seguimos la secuencia con presencia y no salimos de este espacio liminal hasta el final de los aplausos. La verdad es que es una danza fascinante.

Your attention, please: de la atención a la inmersión

La inmersión está de moda porque en la economía de la atención es lo único que te atrapa. Un estado de participación emocional profunda y conexión intensa con lo que está ocurriendo. Se trata de una experiencia en la que la persona no solo está presente, sino que se halla completamente absorbida en el acto.

La inmersión auténtica es impulsada por varios factores clave:

- **Emoción:** Las experiencias que despiertan sentimientos intensos o significativos mantienen nuestra atención de forma natural.
- **Sentidos:** El uso de estímulos sensoriales ricos y variados crea un entorno envolvente que ancla nuestra presencia.
- **Historias:** Las narrativas poderosas que resuenan con nuestra vida personal o con mitos colectivos añaden capas de significado.

- **Concepto:** Un tema central o una idea unificadora que conecta las partes del ritual ayuda a enfocar la mente.
- **Elementos tangibles:** Objetos físicos que se tocan, se ven o se manipulan pueden anclar la experiencia en la realidad y profundizar la conexión emocional.

Paso 4. La emoción

Un ritual es puramente emocional. Bajo mi visión y *expertise*, la respuesta emocional es la transformación que emerge de realizar la práctica. Es ese portal a ese sentir nuevo. La emoción es el presente que te ha regalado tu propia práctica: estar más cerca de ti o de las personas que te rodean.

Por ello, la emoción juega un papel trascendental, ya que intensifica la experiencia haciéndola memorable y marcando, en muchos casos, el final del ritual, que a veces está sincronizado con ese sentir y otras veces está determinado por ti misma (porque se acaba una canción, lo marca un cronómetro o ya has llegado a esa cima y vuelves a casa).

La coherencia entre la intención, la conexión y la atención es lo que brinda esa emoción. Y cuando tú diseñas esta práctica, puedes pulirla para que siempre juegue a tu favor, aunque solo tengas cinco minutos.

- ¿Qué emoción espero evocar con este ritual? ¿Qué marca el final del ritual?

Por ejemplo, mientras meditamos y nos centramos en nuestra intención, podemos experimentar una profunda sensación de tranquilidad y satisfacción.

> *Ejemplo del cumpleaños*: La emoción de celebración permanece, incluso añadiendo algún ritual más como podría ser un brindis.

Paso 5. La reiteración

La reiteración es la práctica de repetir el ritual de manera regular. Un ritual itera. Por eso, comprender cuándo se repite, dónde se repite y con quién puede incluso facilitarlo.

Con el tiempo, los rituales reiterados son capaces de transformar hábitos y generar cambios duraderos en nuestra salud y bienestar emocional, físico y relacional, sean diarios, semanales, mensuales, trimestrales, semestrales o anuales.

Tú decides los que necesitas y cuándo los necesitas.

- ¿Cada cuánto se repite el ritual?
- ¿Cómo puedo integrar este ritual en mi vida diaria para que se convierta en una práctica habitual?

> *Ejemplo del cumpleaños*: Cada vuelta al sol se repite, no importa dónde estés ni con quién. Son muy pocas las personas que no realizan el ritual del cumpleaños.

Simbología de la anatomía de un ritual

Dibujar no es lo mío, sin embargo, cuando quiero trasladar una idea, me ayuda mucho hacerla visual. Es un atajo, una estrategia de pura conexión y atención para hacer mi contenido más atractivo y, sobre todo, más fácil de asimilar. Una marca que engancha tiene que dominar el arte del contenido pegajoso, esas ideas que penetran en ti no solo porque sean buenas en el fondo, sino porque también lo son en la forma.

Este libro necesitaba una simbología nueva. Por eso en la portada aparecen esas dos mitades que forman parte de ti. La primera expresa tu sentir antes del ritual, quizá una emoción incómoda; la segunda, cómo el ritual te devuelve un espacio para volver a conectarte a ti, sintiéndote mejor, sintiéndote de vuelta. Del naranja al lavanda. De la irritabilidad a la calma. De la incomodidad a la comodidad.

Esa idea me atravesó estando en la playa, donde el azul del mar y el marrón de la arena abrazan espacios discordantes. En la arena me desespero: calor, griterío, incivismo. En el agua me elevo, me regenero y nado lo más rápido que mi patoso estilo me permite para llegar a la orilla y apuntar las ideas que flotaban en el agua pero nadie cogía. Puro misticismo.

Consecuencias de dejarte el mifi encendido y tener máxima cobertura.

ANATOMÍA DE UN RITUAL ESENCIAL

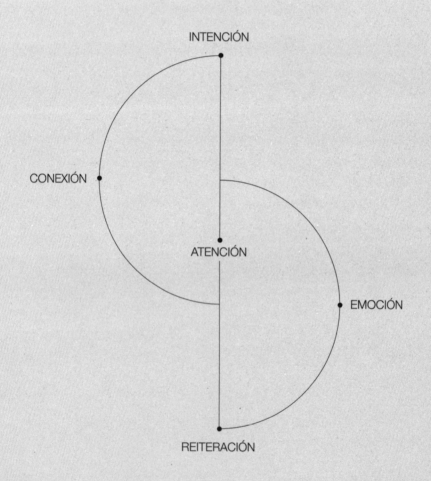

¿SIMPLE O SUPERSIMPLE?

¿Puedes hacerlo más simple, Gemma? Puedo.

Y te voy a invitar a jugar con este criterio en la vida porque es muy liberador.

Cuanto más simple es el sistema, más se amplificará. Lo simple se propaga. El simplificar para amplificar no solo es un arte —complejo, para quien lo hace—, sino un gozo. De hecho, esta es la fórmula de muchas autoras y autores best seller de crecimiento personal: crean una narrativa simple, que no sencilla, y la acompañan de un ritual implícito para que la práctica haga ventosa con tu cerebro hasta engancharse como cinta americana de la buena. Eso ya no se despega.

¿Simple o supersimple? Pues depende del número de personas involucradas en el ritual y de su propósito.

Si es exclusivamente para ti, es fácil. Te conoces, sabes qué te conecta, qué te hace sentir bien, qué necesitas, cómo consigues hacer alquimia. Podemos hacerlo supersimple.

Si hablamos de un grupo de personas, deberás trazar muy bien el viaje de la práctica porque cada persona es única, singular y —ojo que voy— poliédrica.

Esto es como preparar la comida: para ti o para la tribu.

Si es para ti, es fácil. Tienes hambre. Vas a la nevera. Observas qué hay, analizas los ingredientes y los eliges en función de lo que te apetece en ese momento. De ahí salen varias combinaciones. Decides. Y te pones manos a la obra, sin necesidad de gestionar ninguna expectativa más que la tuya. Sabes lo que estás haciendo y disfrutas del proceso. *Bon appétit.*

En cambio, cuando invitas a comer a diez personas, todo es bastante distinto. Generalmente no estamos acostumbradas a cocinar cantidades más grandes de lo que hacemos de forma habitual (puedes cambiar «cocinar» por cualquier otro verbo). Abres la ne-

LOS RITUALES ESENCIALES

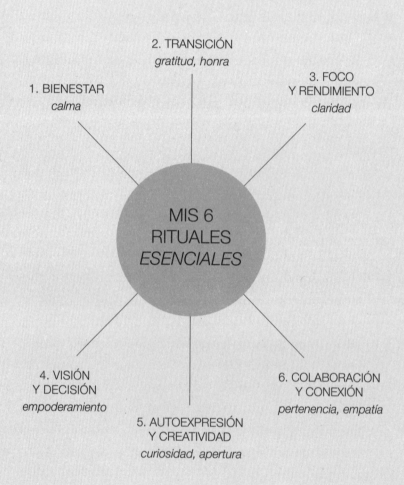

vera y piensas: «¿Qué gustará a más personas? ¿Qué es más fácil que me quede rico para diez comensales? ¿Tienen alergias alimentarias?». Las preguntas te llevan a la inacción y acabas esperando a que lleguen las invitadas con el número de la pizzería en mano para que cada una elija lo que le pida el cuerpo.

Crear para ti es sencillo, crear para un grupo diverso necesita más apertura, más perspectiva y más pasos para diseñar un ritual inclusivo.

Los rituales supersimples están enfocados en tu persona. En potenciar tu conexión. El catalizador es tu propia necesidad. En cómo quieres sentirte (o cómo no quieres sentirte). La simbología que potencia tu atención y la presencia conecta contigo porque la eliges tú.

Y aunque el acrónimo sea helado, hablamos de espacios que te abrazan con plena calidez. Los rituales supersimples responden a tres pasos: ICE.

1. Inicio: **intención**. ¿Cuál es la intención?
2. Desarrollo: **conexión** para la atención. ¿Qué práctica sencilla va a conectarte?
3. Final: respuesta **emocional**. ¿Cómo te sentirás después?

De hecho, hay muchos ejemplos de rituales supersimples en el ámbito de la literatura y el crecimiento personal. Me apuesto algo a que reconoces los ejemplos y quizá hasta los practicas.

Ejemplos de rituales simples en el crecimiento personal

Mel Robbins y sus «choca esos cincos» o su cuenta atrás 5, 4, 3, 2, 1.
- En *The High 5 Habit*: cada mañana, Mel Robbins se da una palmada en el espejo para comenzar el día con una actitud positiva y autoafirmación. El ritual es tan sencillo como lo que

te estoy contando y, además, su impacto está demostrado por la neurociencia.

- En *The 5 Second Rule*, también de Mel Robbins: propone un método para superar la procrastinación y tomar acción inmediata. Basada en la idea de hacer una cuenta atrás, con esta técnica interrumpimos patrones de pensamiento negativos y activamos el cerebro hacia la acción.

Marie Kondo y su pregunta «¿Te sigue haciendo feliz este objeto?».
- Método KonMari: Marie Kondo propone que, al organizar tus pertenencias, debes coger cada objeto y preguntarte si te genera alegría. Si la respuesta es no, es momento de agradecer su labor y dejarlo ir. Este ritual no solo ayuda a mantener el orden, sino que también promueve la claridad emocional y mental. A lo que más le estoy agradecida a Marie Kondo es que, después de ser mamá, adaptara sus sistemas para todas las que estábamos profundamente frustradas debido a la incompatibilidad entre maternar y ordenar. Me pareció de pura mentalidad de crecimiento.

Robin Sharma y su regla 90|90|1.
- 90|90|1: soy tan fan de este ritual que lo practico constantemente. Y los resultados son espectaculares. Durante noventa días, dedica los primeros noventa minutos de tu jornada laboral —no se trata tanto de la hora, sino de ese momento en el que tu depósito de fuel cognitivo y creativo está lleno y es más cualitativo— a la tarea más importante que te acercará a tus metas. Este ritual enfocado en la productividad ayuda a priorizar lo esencial y a avanzar de manera consistente hacia tus objetivos. Todos mis programas están creados bajo esta metodología.

Estos ejemplos ilustran cómo los rituales simples tienen un gran impacto, tanto a la hora de trasladar su conocimiento como de llevarlo a la práctica al proporcionar estructura, motivación y una conexión más profunda con una misma. El anclaje emocional con la marca es incuestionable. Lo que te marca te define.

El ritual es el puente que me permite transitar de un estado emocional a otro. Es en ese espacio entre «cómo me siento» y «cómo me quiero sentir» donde el ritual cobra vida, ocupando el vacío entre la emoción presente y la que deseo experimentar.

RITUAL
PASEO SIN WIFI

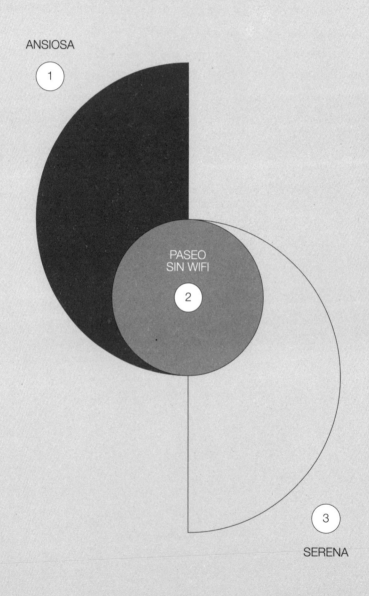

Si los rituales supersimples responden a tres pasos, los rituales simples lo hacen a nueve. Del tú a la tribu. Esa extensión se explica porque están enfocados a transformar un reto o una necesidad existente y traer una nueva práctica a una familia, a un equipo, a una relación o un proceso empresarial.

Para los rituales simples enfocados en crear prácticas que ayuden al grupo a potenciar la pertenencia, perspectiva y crecimiento colectivo y en comunidad, he creado RITUALAB, una metodología para que tú misma experimentes con delicadeza y diversidad estas dinámicas colectivas.

El ritual puede ayudar a las empresas a poner en práctica sus valores, a aumentar su impacto y a agrandar la resonancia emocional del grupo, transformando equipos en una auténtica comunidad.

Ya puedes volver a ponerte las gafas rosas.
Se viene una barra libre de rituales.

EL RITUAL
TE CONVIERTE
EN ALQUIMISTA:
TE DEVUELVE
tu poder.

06

RITUALX:
dime cómo te quieres sentir y te diré qué ritual necesitas

En este capítulo me han acompañado...
MILAGRO | MARIA ARNAL Y MARCEL BAGÉS
THINGS BEHIND THINGS BEHINDS | BON IVER
Q BONITO | RUSOWSKY

Cuando la idea de investigar sobre el poder de los rituales me atravesó, lo primero que hice fue preguntar y escuchar al grupo. A lo largo de los años, he nutrido una *newsletter* de personas entusiastas sobre la comunicación emocional y experiencial, el emprendimiento y el liderazgo, un colectivo de personas inteligentes e interesantes del tamaño de un Palau Sant Jordi. Y realicé una encuesta para comprender si este era un tema interesante para ellas y qué sabían sobre rituales. Mi sorpresa fue doble porque, aparte de estar muy interesadas en esta práctica y conocerla bien, la mayoría la realizaba únicamente de forma individual y con una emoción muy nítida: para calmarse. De hecho, poder hacerlas en colectivo o para potenciar la resiliencia, la creatividad o la intuición les parecía fascinante.

RITUALES PARA LÍDERES ALQUIMISTAS

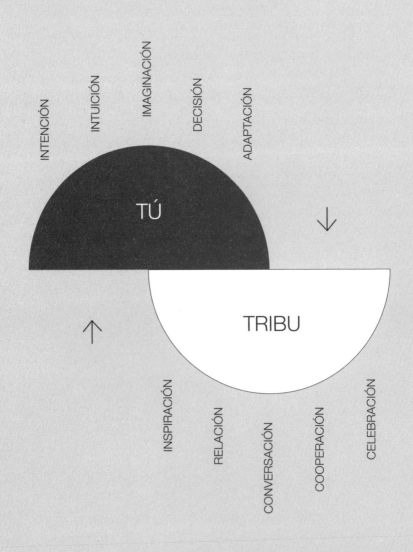

RITUALES *(tú)*

Protegiendo la conexión contigo a través de la integración, la intuición, la imaginación, la adaptación y la decisión.

INTEGRACIÓN	INTUICIÓN
Aurora	Regreso al futuro
Tablón de motivación	Tu oráculo
Ritualario	Bailar para ver

IMAGINACIÓN	ADAPTACIÓN
Cita con la artista	Diario de éxitos
Mentalidad tecnicolor	Ánclate
Sinestesia	Pronoia

DECISIÓN
Polaris
Paseos sin wifi
Por mis valores

CÓMPRATE FLORES

Antes de que Miley Cyrus creara uno de los himnos más empoderadores de la nueva consciencia feminista *centennial*, yo ya me compraba flores para elevar mi día; mi madre también, mi abuela las cultivaba. O corto ramas del níspero de casa que tanto barrido —o sesiones de *mindfulness*— nos da. Todo es cuestión del filtro con el que mires.

Hay personas que creen en la magia, yo creo en saber crearla.

A esta habilidad la he llamado «experiencialidad»: la capacidad de generar conexión, impacto e incluso transformación a través de las experiencias que generas. Liderar una reunión, acompañar en la enseñanza, hacer una presentación o provocar una venta.

Los rituales son experiencias que protegen y cultivan la conexión contigo misma, pero además cultivan habilidades clave para potenciar tu liderazgo humano como son la integración, la intuición, la creatividad, la adaptabilidad y la toma de decisiones.

Yo te presto algunos de los míos con la condición de que los hagas tuyos. Te cedo mis ideas como inspiración, aunque la efectividad de tus prácticas estará en encender bien tu mifi, comprender qué prácticas te nutren, qué pausas regenerativas necesitas y cómo quieres sentirte a través de ellas. Y es que estos rituales deben ser significativos para ti.

Te invito a que abras esta nueva puerta en la que te atrevas a experimentar con este nuevo lenguaje. La única condición es que te traigas de vuelta.

INTEGRACIÓN

Desde la perspectiva del neuroliderazgo, entiendo la integración como la consciencia de incluir mente, cuerpo y esencia en nuestra vida, de manera equilibrada.

Hemos otorgado a la mente lógica un espacio principal, dejando al cuerpo en un lugar secundario, y al propósito, en uno casi místico. Sin embargo, cuando mi cuerpo está cansado, mi mente no funciona bien y muchas veces es mi propósito el que tira de ella, e incluso de mí.

La integración implica ser consciente de que no solo lo que se ve es importante y crea un puente entre tu mundo interior y el exterior, el personal y el profesional, y hasta tu momento vital. Esta visión holística te ayudará a comprender que necesitas cuidar tu mente, mimar tu cuerpo y nutrir tu esencia para estar y sentirte bien, y que estos tres elementos son igual de importantes. Si uno de los tres no está equilibrado, tú tampoco lo estarás.

Si buscas sentirte...

EQUILIBRADA	EMPODERADA	DESCANSADA
Habrá armonía entre tu mente, cuerpo y esencia. Tus acciones fluirán sin resistencia interna, reflejando una estabilidad profunda entre todo tu ser.	Notarás que lideras tu vida, segura y confiada de que tienes el poder de influir en tu destino.	Estarás física y mentalmente renovada, libre de tensiones. El descanso profundo te permite recuperar tu energía y enfrentarte a la vida con una actitud más serena.

AURORA
tu ritual matutino

Este ritual holístico pretende integrar cuerpo, mente y esencia para empezar la mañana equilibrada y empoderada. ¿Hay algo más poderoso que primar el día con tu energía y foco matutino?

Aurora es la luz del amanecer, representa un nuevo comienzo y una explosión de luz y energía renovada que trae el nuevo día. Tres sílabas: au-ro-ra. Tres partes imprescindibles que queremos despertar e integrar en este nuevo inicio: mente, cuerpo y esencia.

Mi aurora, en el día a día, dura apenas quince minutos. La clave es mantener la coherencia y hacer con plena conciencia una actividad que nutra tu mente, tu cuerpo y tu esencia.

- ¿Qué puedes hacer para tu mente?
- ¿Qué puedes hacer para tu cuerpo?
- ¿Qué puedes hacer para tu esencia?

> ALGUNAS IDEAS
> Para tu cuerpo: movimiento, alimentación, estiramientos.
> Para tu mente: meditación, lectura, escritura.
> Para tu alma: gratitud, visualización o un simple «¿cómo me quiero sentir hoy?».

Aurora es un ritual adaptativo a tus necesidades del día. Por ejemplo, cuando doy una conferencia o imparto un taller o estoy de viaje, el ritual cambia. Tengo en cuenta lo que mi cuerpo, mente y esencia necesitan en ese momento puntual. Diseña tu aurora.

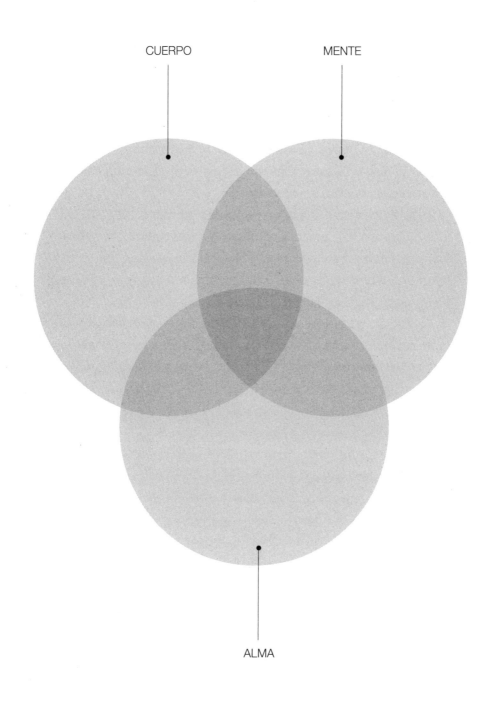

TABLÓN
de motivación

Tu éxito no es delegable.

Mantener un enfoque claro en crear una vida que te hace sentir exitosa es algo vital para mantenerte inspirada, motivada y empoderada, en la riqueza y en la pobreza.

El tablón de motivación no es únicamente un collage creativo; es también una herramienta de programación mental. Al verlo regularmente, tu subconsciente se alinea con esas proyecciones y metas, lo que te genera mucha claridad y, además, te motiva a tomar decisiones y acciones coherentes para alcanzarlas.

Cuando no te sientes enfocada es el momento de darle espacio a este ritual, para crear una nueva visión con las manos, la cabeza y el corazón. Este ritual te ayuda a recordar lo que es importante para ti en este momento vital: tu éxito épico.* Una visión que explica que el éxito no tiene que ver con tener, sino con ser, y que mezcla por tanto varias dimensiones, no solo la económica.

Para crear una sesión, prepara un espacio limpio visualmente, ya sea un tablero físico —mucho mejor— o una versión digital en tu dispositivo. Selecciona fotografías, lemas que te inspiren, y añade revistas, recortes que sean desconocidos para ti con el objetivo de dejarte llevar y sorprender. Que una buena *playlist* te acompañe, junto con algún tentempié o bebida rica. Cuanto más tiempo estés inmersa en este espacio, más nutritivo.

Divide los temas más importantes que quieres visualizar (a con-

---

* Este tablón está inspirado en el concepto de éxito épico que diseñé en mi primer libro *Sé É.P.I.C.A.*

tinuación, te propongo algunos), y añade objetivos concretos, palabras clave o afirmaciones o citas que te inspiren.

Libertad económica. ¿Qué necesitas para tener libertad económica?

- Dinero, carrera profesional: símbolos de tus aspiraciones profesionales, como hitos que deseas alcanzar, dinero que necesitas para vivir como quieres, proyectos importantes o tu propósito laboral.

Plenitud creativa. ¿Qué necesitas para tener plenitud creativa?

- Creatividad: proyectos a los que quieres dar vida, hobbies que nutren tu energía creativa, sueños.
- Espiritualidad y propósito: elementos que conectan con tu esencia, valores fundamentales o tu visión de vida.
- Crecimiento personal: imágenes o citas que reflejan tus objetivos de desarrollo personal, como aprender algo nuevo, superar un desafío o adquirir un nuevo hábito.

Consciencia del estilo de vida. ¿Qué necesitas para tener el estilo de vida que deseas?

- Salud y bienestar: imágenes o estímulos táctiles relacionados con tus objetivos de salud física y mental, como alimentación consciente, ejercicio o prácticas de autocuidado.
- Familia, relaciones y comunidad: fotos o palabras que representen las relaciones significativas en tu vida, ya sean familiares, amistades o de comunidad.

Esta es una actividad que puede ser anual, semestral, trimestral... solo tú sabrás cuándo has perdido tu brújula interna.

Esta actividad va a moldear tu vida, no lo digo yo, lo dice la ciencia. Crear espacio para soñar en voz alta e imaginar cómo quieres crear tu vida es acercarte a ella, aunque todavía te parezca que está lejos. La claridad te generará motivación y esta te empuja a la acción.

Dos ideas fundamentales:

- Olvídate de la estética. A menudo hacemos tablones de motivación que quedan bonitos en una pared, pero lo relevante es que su contenido sea claro.
- Si quieres, puedes transformar cada área en un objetivo cuantificable.

LIBERTAD ECONÓMICA

PLENITUD CREATIVA

CONSCIENCIA DEL ESTILO DE VIDA

RITUALARIO

Este ritual está enfocado a integrar las obligaciones diarias con nuestros valores y nuestra energía, para vivir rutinas mucho más significativas. Integrar lo profesional y lo personal nos ayuda a liderar nuestra energía y a plantear estrategias que nos calmen o carguen, dependiendo del momento.

Este ritual sirve para tomar consciencia de la metodología que te he mostrado a lo largo de este libro y empezar a ponerla en práctica teniendo en cuenta cómo organizas tu día. A mí me ayuda preguntarme:

- Emoción: ¿Cómo me quiero sentir?
- Acción alineada: ¿Qué acciones me van a ayudar a sentirme así?
- Cargadores: ¿Qué cargadores —actividades, personas o ritual alquímico— puedo tener a mano si el día no va como lo he planteado?
- Motivación: ¿Qué motiva tus decisiones y acciones durante ese tiempo del día?

Tenemos un calendario para organizar nuestras actividades diarias pero no nuestras pausas estratégicas. Ritualario es un espacio para coordinar esas actividades que te ayudan a sentirte bien y a regenerarte a diario.

	EMOCIÓN	ACCIÓN ALINEADA	MOTIVACIÓN	CARGADORES
EJEMPLO MAÑANA	*Energizada y positiva*	*Buen desayuno* *Sin prisas* *Organizar mi día antes de ir a la oficina*	*Realizar las tareas de la jornada con calidad y calidez*	*Ir a la oficina caminando* *Tomar el café con el equipo* *Comida conmigo* *Mandarle un wasap a Nay*
MAÑANA				
MEDIODÍA				
TARDE				
NOCHE				

INTUICIÓN

¿Sabes aquello que no sabes por qué lo sabes pero dentro de ti lo sabes?

Esa sensación es la intuición en su plena expresión. La inteligencia interna sin razonamiento lógico y consciente, aparente.

Quizá por eso yo siempre pienso que la intuición es física, ya que la siento en el cuerpo, a veces con claridad, a veces de forma más sutil. Una guía interna que nos orienta en la comprensión de nuestro entorno y en la toma de decisiones a través de señales somáticas. Aunque la hiperconectividad nos ha desconectado, es decir, tu cuerpo te llama y tú comunicas.

¿Cómo responde mi cuerpo ante determinada persona, situación o proyecto?

¿Mi cuerpo se expande o se contrae?

Lejos de la mística que la envuelve, la neurociencia ha demostrado que la intuición no es magia, sino una función cerebral compleja que involucra varias áreas del cerebro. El neurocientífico Joseph A. Mikels, profesor de psicología en la Universidad DePaul,[*] ha estudiado la intuición como una sensación emocional, más que como una habilidad. Su investigación muestra que, en situaciones en las que las cosas son complejas, tomarás una mejor decisión si obedeces a lo que sientes.

¿Cómo te hace sentir esa situación, persona, espacio o proyecto?

¿Te sientes cómoda (bien) o te sientes incómoda (mal)?

---

[*] Joseph A Mikels, «Following Your Heart or Your Head: Focusing on Emotions Versus Information Differentially Influences the Decisions of Younger and Older Adults», *Journal of Experimental Psychology Applied*, 16(1), 2010, <https://www.researchgate.net/publication/42637988_Following_Your_Heart_or_Your_Head_Focusing_on_Emotions_Versus_Information_Differentially_Influences_the_Decisions_of_Younger_and_Older_Adults>.

Esta idea toma más relevancia según nos hacemos mayores, ya que las facultades cognitivas pueden no estar siempre tan agudas como las de las personas más jóvenes, lo que demuestra que estar conectada con la intuición es aún más importante con la edad.

Al practicar estos rituales, aprendemos a escuchar nuestra voz interior y a confiar en las corazonadas, lo cual es esencial para navegar en un mundo incierto y dinámico.

Si buscas sentirte...

CONFIADA	CONECTADA	EXTÁTICA
Estarás segura. Confiarás en tus decisiones, tus instintos y en el camino que estás tomando. Tu sabiduría interna te guiará.	Notarás una profunda conexión con tu intuición y con el universo, lo que te permitirá fluir con mayor facilidad y confianza.	Experimentarás una emoción intensa y expansiva, un sentido de plenitud y euforia. Es una conexión vibrante con el momento presente que te elevará.

REGRESO
al futuro

Sentir más claridad y conexión a través de la visualización proyectiva es el objetivo de este ritual en el que vas a romper las barreras de tiempo y espacio, viajando al futuro y regresando con tu mente y cuerpo.

Tú sabes mucho más de lo que crees; de hecho, tienes todas las respuestas que necesitas, al menos por ahora. Y también tienes un superpoder llamado «consciencia autonoética», la capacidad humana de situarte mentalmente en el pasado y el futuro (es decir, viajar de forma mental en el tiempo) y así poder examinar tus propios pensamientos.

Cuando algo nos bloquea, nos detona o no nos deja avanzar, podemos preguntarle a nuestra abuela, madre, tía o a nuestra sabia; nuestra «yo» de ochenta y cinco años.

¿Qué haría ella en nuestro lugar? No, no me he tomado nada. Necesitamos mucha apertura para conectarnos con la intuición, porque el ego la hace pequeña y vergonzosa. Si tú le preguntas a un niño cómo se ve dentro de diez años, te lo explicará con todo lujo de detalles.

La visualización proyectiva nos ayuda, mediante una visualización guiada, a entrar en estados alterados de consciencia a través de la música, la voz, la respiración y la propia relajación, a obtener una respuesta intuitiva en relación con algo que ahora nos bloquea. Te invito a preguntarle a la sabia que vive en ti.

Crea una imagen de tu «yo» sabia. Observa cómo es, cómo se comporta y qué te transmite. ¿Qué consejos o mensajes tiene para ti? ¿Qué decisiones puedes tomar hoy para alinearte con esa versión futura tuya? Recurre a estas imágenes siempre que necesites inspiración o guía. Absorbe su sabiduría, juega y experimenta con tu intuición. (En el material complementario al que podrás acceder al final del libro, encontrarás recursos para esta visualización).

Si eres una persona profundamente mental, escríbele.

Carta a tu futura yo. Imagina que estás escribiendo una carta para tu yo de dentro de diez años. Proyéctate. Describe tu vida, tus logros, cómo te sientes y la persona en la que te has convertido. Este es un mensaje sincero de tu yo actual a tu yo del futuro, lleno de sueños, dudas, amor y una profunda comprensión de quién eres actualmente para abanderar tu yo futura. Algunas preguntas que pueden ayudarte son: ¿has conseguido lo que deseabas?, ¿cómo has aprendido a celebrar tu autenticidad?, ¿sigues conectada con los valores que hoy consideras esenciales?, ¿cómo has encontrado formas de servir a otras personas?, ¿qué promesa hacia ti misma has mantenido?

TU ORÁCULO

El oráculo es un canal que expande tu inteligencia intuitiva.

No es magia, es tu metaconsciente interpretando la respuesta que necesitas expresar o escuchar.

Un oráculo es un estímulo que tú transformas en una respuesta guiada por tu sabiduría interior. Al igual que abrir un libro al azar y buscar una respuesta. O entrar en una librería a ver qué libro te acaba eligiendo.

Yo tenía una resistencia muy grande a los oráculos hasta que el mío me encontró. Fue en Nueva York, cómo no. Recuerdo que cada día paseaba por delante de una tienda, en el Bajo Manhattan, y esas cartas que mezclaban emociones con la psicología del color (por ejemplo, el color rojo con la pasión) me llamaban la atención. El último día de aquel viaje acabé comprando dos pares de barajas. Coger una me ayuda a sentirme cerca porque siempre encuentro un mensaje que me impulsa.

Acceder a tu intuición mediante simbología de diversa índole no solo te ayuda a activar tu inteligencia intuitiva, sino a potenciar tu autoconfianza y tu autoestima.

Si además quieres desarrollar tu creatividad, te invito a crear tu propio oráculo. Puedes hacerlo con tus propios valores, con colores, con frases que te motivan o incluso con fotografías de personas referentes en tu ámbito o sector laboral.

Recuerdo una cena *petit comité* en la que puse debajo de cada plato una carta con un valor relacionado con el liderazgo femenino. Fue precioso escuchar cómo una sola palabra despertaba nuevas ideas e inspiraba a aquellas personas.

Antes de escoger una carta, establece una pregunta abierta o intención. Te recomiendo estas:

- ¿Qué debería tener presente hoy?
- ¿Qué energía me ayudará en este momento vital?
- ¿Qué mensaje es relevante en este momento vital?

Este ritual te ayuda a confiar en la líder intuitiva que ya eres. Con el tiempo, fortalecerás tu habilidad para interpretar y accionar según las señales y oportunidades que la vida y tu propia intuición te ofrecen. Acertar ya es otro cantar.

BAILAR PARA VER
o ecstatic dance

¿Sabes qué tienen en común Sócrates, Nietzsche y Elizabeth Gilbert? Que los tres bailaban todos los días. Liz sigue haciéndolo. Nietzsche dijo que solo creería en un dios que supiera bailar. Ya somos dos. Y Sócrates aprendió a bailar casi al final de su vida, cuando ya era anciano, convencido de que era la base de la felicidad.

Muchas de nosotras nos encontramos inmersas en lo que nos ofrece la racionalidad y la lógica, pero cuando prestamos atención a las sensaciones de nuestro cuerpo, activamos una inteligencia que va más allá de nosotras. Créeme, cuando padezcas mucha rumiación mental, acude al cuerpo.

A menos que tengas un alma bailarina, quizá no estés acostumbrada a impulsar la creatividad y la autoexpresión con estiramientos y movimientos, pero puedes cambiar cómo te sientes rápidamente: bailando.

Tal vez no encaja en tu rutina laboral, por eso traigo conmigo algunas propuestas. Bailar sincroniza el corazón de los que bailan, pero además refuerza el vínculo con las personas con quienes lo hacemos.*

Puedes crear rituales que integren el movimiento intuitivo con una canción para encarnar la emoción que quieres sentir. En cualquier momento del día. Es posible integrar el movimiento después de una sesión de trabajo de gran esfuerzo cognitivo. O también puedes probar el ritual de una sesión de *ecstatic dance*, una práctica

---

* Bronwyn Tarr *et al.*, «Synchrony and exertion during dance independently raise pain threshold and encourage social bonding», *Biology Letters*, 11(10), 2015, <https://pmc.ncbi.nlm.nih.gov/articles/PMC4650190/>.

de movimiento libre, sin juicio y profundamente conectada con el cuerpo, la música y el momento presente.

¿Cómo prepararlo?

- **Selección de música:** El ritmo de la música es fundamental para guiar el viaje emocional y físico. Comienza suave, se intensifica hacia el clímax y luego retorna a lo relajante. También puedes potenciar la emoción que quieres impulsar.
- **Ni juicio, ni palabras:** *Ecstatic dance* es una práctica sin palabras. No hay conversación durante el baile, y se promueve el respeto por el espacio y las otras participantes.
- **Conexión profunda con el cuerpo:** El movimiento es libre y permite a cada persona moverse de acuerdo con lo que su cuerpo le pide. Se fomenta así la autenticidad y la conexión con las emociones.

Este ritual no es un baile de TikTok, no importa si tienes más o menos gracia; es un momento para vivir la música y conectarte con la autoexpresión. Te enseña a confiar en tu cuerpo como una brújula interna que te guía. Con la práctica regular, mejorarás tu capacidad de interpretar las señales físicas como indicios de lo que es correcto o necesario en tu vida, fortaleciendo así la conexión entre tu cuerpo y tu intuición.

IMAGINACIÓN

Pensar no es gratis, y mucho menos si vives de tus ideas. ¿Dónde encuentras la inspiración? Yo, en muchos sitios. En la naturaleza, en la biblioteca, en un museo (especialmente en sus tiendas). Pero cuando tengo un bloqueo en casa, siempre encuentro nuevas respuestas en la habitación de mi hijo.

A principios de 1958, durante tres días, un pequeño grupo de escritores, arquitectos y matemáticos —entre ellos, un joven Truman Capote—, se reunieron en la Universidad de Berkeley en el que fue el primer estudio sobre la creatividad.[*]

¿De qué está hecha una mente creativa?

Las conclusiones fueron variadas, pero la más relevante fue que la inteligencia no estaba correlacionada con la creatividad.

Sin embargo, había una correlación entre diferentes rasgos y la mente creativa. La primera: las personas altamente creativas saben cómo jugar, es decir, toman riesgos, se divierten y tienen una alta tolerancia al caos; la segunda: están muy en contacto con sus emociones (en Estados Unidos, en los años cincuenta, se empezó a utilizar la expresión «en contacto con su lado femenino», como si las emociones tuvieran género).

La imaginación, desde la óptica del neuroliderazgo, es el motor que impulsa la innovación, la resolución de problemas y la preservación de la autoexpresión personal.

Pero ¿cuánto tiempo dedicas a jugar, experimentar o probar sin buscar ningún resultado concreto? En un mundo donde la innovación es clave para el éxito, estimular nuestra creatividad es vital. Los

---

[*] Donald Mackinnon, «The identification of creativity», 1963, <https://iaap-journals.onlinelibrary.wiley.com/doi/10.1111/j.1464-0597.1963.tb00463.x>.

rituales que despiertan la imaginación nos permiten acceder a nuevas perspectivas y soluciones fuera de lo común.

Si buscas sentirte...

CREATIVA	CURIOSA	ENTUSIASTA
Te sentirás en un estado de fluidez donde tu imaginación se expandirá y fluirá sin límites. Verás nuevas posibilidades y soluciones en cada situación, creando desde lo más profundo de tu ser.	Estarás en un estado de apertura y deseo de explorar lo desconocido. Tendrás una sed de conocimiento y descubrimiento que te impulsará a hacer preguntas y buscar respuestas.	Notarás una energía vibrante y positiva que te impulsará a actuar con pasión. El entusiasmo te motivará a seguir adelante con alegría, curiosidad y determinación.

CITA CON
la artista

Este ritual es tan moldeable como tu creatividad. Se trata de hacer espacio en tu agenda para dedicarlo exclusivamente a la exploración creativa, para que puedas desconectarte de las distracciones cotidianas y conectar con tu ser más artístico.

Ya sabes, en un ritual no se valora ningún resultado, sino ponerte en contacto con conocidas o desconocidas partes de ti.

La curiosidad es una emoción alquímica que puede acompañarnos a trazar nuevas ideas o a hacernos mejores preguntas. Y es que no puedes estar enfadada y sentir curiosidad a la vez. Es imposible. La curiosidad te empuja a querer comprender esa nueva mirada interna.

La cita con la artista es un ritual de Julia Cameron que nos invita a agendar semanalmente un espacio para nutrir nuestra creatividad. Yo recomiendo que sea siempre el mismo día a la misma hora, pero puedes ser más flexible.

Mi consejo es que tengas un cuaderno para estas citas. Puedes sacarte a comer a un sitio nuevo, ir a una exposición, pasear o apuntarte a danza, *skate* o yoga, pero debes enfocarlo como un ritual, no un hábito, para que nutra a la artista que llevas dentro.

Dedica una hora a la semana a esta cita contigo misma, sin interrupciones. Durante este tiempo, explora cualquier actividad artística que te atraiga, sin preocuparte por el resultado final. Puedes dibujar, escribir, pintar o cualquier otra forma de expresión que te atraiga.

Este ritual fomenta la consistencia en la práctica creativa, permitiéndote mantener un contacto constante con tu fuente de inspiración y potenciando tu imaginación a través del juego y la experimentación.

MENTALIDAD
multicolor

Este ritual es una invitación a entrenar tu mente para estar siempre abierta a nuevas posibilidades. Romper bloqueos creativos y activar un *mindset* que te obliga a soñar despierta, cambiando tu perspectiva y abriendo un mundo de nuevas posibilidades.

Es posible que te suene, pues te he hablado de él desde mi propia mirada unas páginas atrás.

Cómo ves el mundo viene determinado por tu mentalidad. Imagina que unas gafas rosas o de cualquier otro color vibrante, que no uses normalmente, se convierten en tu símbolo de cambio de mentalidad. Resulta muy vívido, ¿verdad?

Cuando sientas que tu creatividad está bloqueada o que la ansiedad se dispara, pausa, realiza tres respiraciones conscientes y prepárate para cambiar de escenario, mental o realmente.

Las gafas funcionan como un «filtro mental» que te permite ver el mundo de forma diferente. En este caso, te recuerdo que las gafas rosas tienen unas consignas alineadas con la mentalidad de crecimiento:

- Gratitud: **¿De qué me siento agradecida ahora mismo?**
- Empieza tus reflexiones con **«Y si...»**: «¿Y si esto no es el final, sino un nuevo comienzo?», o «¿Y si este desafío es en realidad una oportunidad disfrazada?».
- Futuro posibilista: **¿Qué personas me inspiran a...? ¿Quién me puede enseñar a...? ¿Quién puede saber sobre...?**

Cuando regreses de tu paseo, siéntate y anota cualquier idea, imagen o pensamiento que haya surgido mientras usabas tus gafas rosas. ¿Cómo te hizo sentir ese cambio de perspectiva? ¿Qué nuevas ideas o soluciones vinieron a tu mente? Aprovecha este flujo de imaginación renovada para avanzar en tu proyecto o desbloquear una nueva visión.

Este es un ejercicio que realizo mucho porque, cuando te pones las gafas del optimismo (rosa), de la perspectiva de género (lila), de la sostenibilidad (verdes), de la negatividad (negras, para prever escenarios pesimistas), o de ver la vida con ojos de niña pequeña (amarillas), te estás acercando a nuevas maneras de entender y afrontar la vida.

Las gafas, del color que sean, son un símbolo poderoso de cómo puedes transformar tu entorno y *mindset* para ver las cosas desde una nueva óptica, lo que estimula la imaginación y te permite soñar despierta. Al convertir el paseo en una práctica creativa, desbloqueas ideas, pero también entrenas la mente para estar siempre abierta a nuevas posibilidades.

SINESTESIA

Expande los límites de tu imaginación al experimentar a través de la combinación de tus propios sentidos. Macera percepciones visuales, auditivas, gustativas o táctiles para generar ideas frescas y originales. La sinestesia es un ritual para experimentar con la curiosidad y la creatividad y abrirte a lo nuevo con entusiasmo, mezclando sentidos o eliminando alguno para sentir diferente.

El ritual de sinestesia invita a reconfigurar la experiencia sensorial. Al distorsionar o enriquecer la percepción sensorial, este ritual ayuda a las líderes a salir de su zona de confort y a tomar conciencia de sus respuestas automáticas, llevándolas a un estado de mayor apertura y creatividad.

Ritual 1. Mezclar sentidos. Escoge dos o más sentidos y busca maneras de combinarlos de forma no convencional. Por ejemplo:

- Ver el sonido: Pon música instrumental o sonidos naturales y, con los ojos cerrados, imagina que estás «viendo» los sonidos. Permite que tu mente cree formas, colores y patrones mientras el sonido fluye.
- Sentir los colores: Coloca varias telas o texturas de diferentes colores enfrente de ti y, con los ojos cerrados, toca cada una de ellas. Trata de «ver» el color a través del tacto, identificando si la textura te evoca una percepción visual de lo que podrías estar palpando.

Ritual 2. Eliminar un sentido. Escoge uno de los sentidos y elimina su función durante un tiempo determinado (de cinco a diez minutos). La privación temporal te permitirá intensificar los otros sentidos y experimentar el entorno de una manera nueva. Por ejemplo:

- Sin vista: Véndate los ojos y realiza tareas cotidianas como escribir, caminar o interactuar con objetos. Reflexiona sobre cómo el hecho de no ver cambia tu percepción del espacio y de tus decisiones.
- Sin oído: Ponte tapones en los oídos, o «mutea» a una persona digitalmente, y realiza una actividad que normalmente implique escuchar, como conversar con alguien o interactuar con música. Observa cómo la ausencia del sonido aguza tu visión o tacto.

Al final de un ritual sinestésico, pregúntate:

- ¿Qué descubriste al combinar o eliminar un sentido?
- ¿Cómo te sentiste en términos de control y percepción?
- ¿Qué información nueva o sensaciones emergieron?
- ¿Qué puede decir esta experiencia sobre cómo lideras?

Este ritual te anima a romper con las percepciones habituales y a jugar con la conexión entre los sentidos, abriendo tu mente a nuevas ideas y perspectivas, enriqueciendo al mismo tiempo tu capacidad de pensar de manera innovadora.

COLOR-EA

Los colores tienen propiedades curativas y empoderadoras. La psicología del color ha demostrado cómo nuestro imaginario guarda valores, expresiones y simbología en cada uno de ellos. ¿Cómo podrías crear un ritual para añadirle color a tu vida?

Personalmente, el color me fascina, me atrae, me hace sentir bien. Este ritual tiene como objetivo invitar al color de manera simbólica y física en tu vida diaria, promoviendo una mayor vitalidad, creatividad y conexión emocional con tu entorno.

Los colores, como una expresión visual de energía, pueden influir profundamente en nuestro estado de ánimo, motivación y bienestar. Color-ea busca que explores cómo el color puede ser un catalizador de cambio positivo en tus emociones y perspectivas.

Antes de empezar, establece una **intención clara**. Pregúntate:

- ¿Qué aspectos de tu vida sientes que necesitan más color?
- ¿Qué emoción o estado de ánimo quieres traer a tu vida a través del color?

Escribe esta intención en un papel y colócala en un lugar visible durante todo el ritual.

A continuación, reflexiona sobre qué actividades cotidianas puedes transformar para añadirle color a tu vida.

- **Ducha de color**: durante una semana imagina ducharte cada día de un color. Yo lo he hecho con cromoterapia, es espectacular, pero también puedes hacerlo con tu imaginación; no es lo mismo, es más barato.
- **Dieta de color**: cocina una cena donde solamente se permitan alimentos del color escogido. También puedes subir el reto

y hacer una semana arcoíris y cada día cocinar de un solo color.

- **Ropa de color**: puedes elevar el juego y hacer este ritual cada mañana: ¿cómo me quiero sentir hoy? Y escoger ese color que va a llevarte a la emoción deseada. Práctica solo apta para coloristas de corazón.

Color-ea es un ritual que invita a reflexionar sobre el poder transformador del color. Al usarlo de manera consciente, puedes alterar tu energía, emociones y perspectivas, abriéndote a un liderazgo más vibrante, creativo y equilibrado.

ADAPTACIÓN

La adaptación, desde la perspectiva del neuroliderazgo, implica la capacidad de cambiar nuestras ideas, emociones y comportamientos ante circunstancias no esperadas, habitualmente incómodas.

En un mundo caracterizado por la volatilidad, la incertidumbre, la complejidad y la ambigüedad, la resiliencia es una competencia central para líderes ignífugas y alquimistas. Nos ayuda a ser ágiles y resistentes frente a cambios rápidos y a menudo inesperados. La capacidad de adaptarse protege a las líderes de quedar atrapadas en patrones de pensamiento rígidos y les permite liderar con una mentalidad abierta, encontrando soluciones creativas en momentos de crisis.

La vida es cambio; susto o muerte.

La capacidad de adaptación nos permite enfrentarnos a estos cambios con flexibilidad y resiliencia. Cultivar la capacidad de adaptación a través de rituales nos ayuda a mantenernos flexibles y resilientes.

Puedes ser cactus o bambú. Tú decides.

Si buscas sentirte...

ABIERTA	FLEXIBLE	ESPERANZADA
Estarás receptiva a nuevas ideas, experiencias y puntos de vista. No tendrás barreras mentales o emocionales, lo que te permitirá aceptar lo que llega con facilidad.	Notarás que te ajustas a lo nuevo con apertura y resiliencia, fluyendo con la vida.	Mantendrás una visión optimista del futuro, creerás que las cosas pueden mejorar y que puedes influir positivamente en lo que está por venir.

DIARIO
de éxitos

Honra tu camino. Esta es una práctica que va a fortalecer tu resiliencia y autoestima y a bloquear a la impostora, la insuficiente y la perfeccionista que quizá o llevas dentro o te visita en tus noches más oscuras del alma.

Este ritual es una minipráctica mensual que te acompaña a reconocer y celebrar tus logros, tanto grandes como pequeños.

- ¿Qué es aquello que destacas de ese mes?
- ¿Qué proyecto o experiencia te ha impactado de forma positiva?
- ¿De qué te sientes agradecida profesionalmente?

Te recomiendo que contestes a estas preguntas mientras suena una canción ancla para ti. El diario puede ser breve o largo. Yo lo tengo en una hoja de notas de mi iPhone; me agrada tenerlo ahí, cerca.

Este ritual activa la serotonina, el neurotransmisor del bienestar, reforzando tu capacidad para enfrentar desafíos con una mentalidad positiva. Anota ese éxito en tu diario, describiendo con detalle cómo te hizo sentir. Al escribir, enfócate en las emociones positivas que experimentaste y en lo que este éxito dice sobre tu crecimiento y capacidad.

Lo más relevante de este diario es que puedes recurrir a él cuando lo necesites, cuando tengas dudas o cuando tengas un mal día. Te aseguro que, si el efecto de escribirlo ya genera un efecto positivo en ti, el chute de serotonina que te brinda leerlo cuando tengas un mal día no tiene precio. Lo estás haciendo muy bien y siempre estás avanzando, aunque no te lo parezca.

Este ritual de reconocimiento diario no solo aumenta tu bienestar al generar serotonina, sino que también refuerza tu confianza y resiliencia al recordarte que estás avanzando, independientemente de los desafíos que enfrentes.

ÁNCLATE
5-4-3-2-1

Puedes utilizar la técnica de *grounding* para calmar la mente y el cuerpo en momentos de estrés o incertidumbre, con el objetivo de promover la resiliencia y el enfoque en el presente. Se trata de un ritual para resetear y abrirte cuando un disparador se ha puesto en alerta y estás que ardes, pero no de deseo, sino de rabia.

Ayudamos a nuestros hijos e hijas a que se autorregulen, pero nos olvidamos de nosotras. Puedes realizar este ritual en un espacio tranquilo, descalza, corriendo y hasta en una reunión, donde las emociones incómodas hayan aflorado y necesites volver a ti, sin drama. Esta práctica consiste en una cuenta atrás sensorial: 5, 4, 3, 2, 1.

- 5: observa y nombra cinco cosas que puedas **ver** a tu alrededor.
- 4: identifica cuatro cosas que puedas **tocar**.
- 3: escucha y nombra tres sonidos que puedas **oír**.
- 2: siente dos **olores** presentes.
- 1: percibe un **sabor** en tu boca.

Enhorabuena, has desactivado la amígdala y ya estás aquí de vuelta. Después de completar el ejercicio, toma tres respiraciones profundas, inhalando por la nariz y exhalando por la boca. Siente cómo tu cuerpo se relaja y tu mente se centra en el aquí y el ahora. Ahora es el momento

Este ritual de *grounding* es una poderosa herramienta para mantener la calma y claridad mental en momentos de cambio o crisis. Al reconectar con tus sentidos, anclas tu conciencia en el presente, permitiendo que la adaptabilidad y la resiliencia emerjan desde un lugar de estabilidad y control interno.

PRONOIA

Este es un ritual para reconectar con la esperanza y con la gratitud. La pronoia describe un estado de ánimo que es justo el contrario de la paranoia. Mientras que una persona que sufre paranoia siente que personas o entidades conspiran contra ella, alguien que sufre pronoia cree que el mundo que le rodea conspira para su propio bien.

Este ritual te ayudará a enfocar tu percepción, viendo los desafíos y circunstancias desde una perspectiva de oportunidad y apoyo.

Inicia el ritual recordándote que todo lo que sucede, incluso lo inesperado o difícil, es para tu beneficio. Enciende una vela como símbolo de luz y claridad que guiará tu percepción. Elige una situación reciente —no una desgracia— que te haya causado estrés, preocupación o frustración.

Luego realiza un ejercicio de reenmarque: ¿cómo podría este evento estar confabulando a tu favor?

Escribe o reflexiona sobre tres maneras en las que este desafío podría estar abriendo puertas, enseñándote algo valioso o llevándote hacia una oportunidad inesperada.

Imagina que las personas, situaciones y circunstancias están bien orquestadas para tu bienestar. Siente la confianza y la gratitud de saber que todo se está alineando para ti. Anota una acción pequeña pero poderosa que puedas tomar, inspirada por tu nueva perspectiva de pronoia. Esta puede consistir en un paso hacia un proyecto, una conversación que has evitado o un gesto de autocuidado. Actuar desde esta mentalidad positiva refuerza la idea de que todo está a tu favor.

Piensa en esa venta que has perdido, en ese conflicto que no has podido resolver o en ese fallo que has cometido. Pronoia pretende cambiar tu enfoque, de uno reactivo a otro proactivo y optimista para hacerle un placaje al sesgo de negatividad y de confirmación.

Al reinterpretar los desafíos como oportunidades y confiar en que el universo está conspirando para ayudarte, fortaleces tu resiliencia y capacidad de adaptación. Este nuevo *mindset* transforma tu percepción, pero también abre nuevas posibilidades al actuar con la certeza de que todo se confabula a tu favor.

Este ritual no pretende neutralizar las desgracias personales, ni minimizarlas. Una desgracia es una desgracia. Hay casos en los que intentar aprender de ellas me parece hasta naíf.

DECISIÓN

Lo que no decides te vuelve a elegir. Una y otra vez. La toma de decisiones es uno de los actos más poderosos que realizamos a diario. Cada decisión, desde las más triviales hasta las más trascendentales, da forma a nuestra vida y determina nuestro rumbo. Las que evitamos o postergamos, en cambio, tienen una forma de elegirnos constante, moldean nuestro camino de manera pasiva y, a menudo, nos alejan de nuestros verdaderos objetivos y valores.

Los rituales nos invitan a crear un espacio de reflexión y calibración. No se trata de una práctica para tomar una decisión, sino de crear espacio para la introspección y la visión. La falta de claridad y el exceso de opciones pueden llevar a la parálisis por análisis o a la toma de decisiones impulsivas.

Los rituales de decisión, lejos de ser funcionales, nos acompañan a crear espacios para conectarnos y realinearnos con nuestros valores y objetivos y prepararnos para la toma de decisiones.

No decidas ni cansada ni enfadada. La capacidad de tomar decisiones acertadas requiere claridad mental, estabilidad emocional y una profunda conexión con nuestros valores y sentido.

Si buscas sentirte...

CALMADA	ENFOCADA	DESAFIADA
Te hallarás en un estado de paz interior, libre de estrés o ansiedad. Estar en calma es la base para conectar contigo y desconectar del caos exterior.	Estarás focalizada en tus metas y prioridades. Con claridad mental, avanzarás sin distracciones hacia los resultados que deseas alcanzar.	Te enfrentarás a desafíos con una actitud proactiva y valiente.

POLARIS

La intención es crear un momento y un espacio para enfocarte y que, desde esa serenidad, puedas tomar decisiones más alineadas contigo. Este ritual bebe de una metodología y práctica que utilizo mucho en mis formaciones porque, para mí, la claridad es el paso previo a la acción. Antes de tomar una decisión en vinculación con tu ser, es bueno analizar, escribir o poner encima de la mesa todas esas ideas, a favor o en contra, que la sostienen.

La estrella polar o Polaris también es conocida como la estrella del Norte, pues permanece en una posición fija, lo que la hace muy útil para orientarte, saber dónde estás y dónde quieres ir. Y es que los rituales pueden convertirse en una brújula que marca y prioriza tus necesidades actuales.

Te invito a ser tu propia Polaris y trazar con tus respuestas un camino para proyectar tus decisiones con coherencia y visión. Honrando el camino andado y acercándote al que quieres trazar. Tú eres tu estrella del Norte.

Crea tu propio clima de inmersión que te conecte a través de todos los sentidos.

Para ello, coge un papel y bolígrafo y haz una lista siguiendo estas indicaciones:

- En este momento vital: quiero sentir más… / quiero sentir menos… Este desglose específico te ayuda a tomar decisiones concretas sobre cómo equilibrar tu emoción, tiempo y energía en aquello que en este momento vital te aporta.

Y puedes continuar…

- ¿Qué quiero SEGUIR haciendo? Reflexiona sobre tus rutinas y comportamientos actuales. ¿Qué acciones me están acercando a mi visión del éxito? Haz una lista de lo que seguirás haciendo porque te está dando resultados positivos.
- ¿Qué quiero DEJAR de hacer? Identifica los hábitos, pensamientos o actividades que te están frenando o alejando de tu visión del éxito. Escribe lo que necesitas dejar de hacer para liberar espacio y energía para lo que realmente importa.
- ¿Qué quiero EMPEZAR a hacer? Considera qué nuevas prácticas podrías incorporar en tu vida para acelerar tu crecimiento. Anota aquello que podrías añadir para enriquecer tu camino.

Escribe para acercarte a ti misma sin pretensión, solo con exploración. Cuando sientas que estás cerca de esa visión, cierra el ritual definiendo una palabra ancla que te guiará o te dará claridad en este momento vital. No hace falta que tomes la decisión, sino que te acerques a ella con serenidad y soberanía.

Este ritual te permite revisar y ajustar tus acciones de manera regular, asegurando que cada decisión que tomes esté alineada con tu estrella polar y te guíe hacia tus verdaderas metas.

Palabra guía (anclaje)

En este momento vital…
Quiero sentir MÁS…

En este momento vital…
Quiero sentir MENOS…

¿Qué quiero DEJAR
de hacer?

¿Qué quiero EMPEZAR
a hacer?

¿Qué quiero SEGUIR
haciendo?

PASEO
sin wifi

Pasear para volver a ti.

Este ritual consiste en desconectarte del ruido digital y reconectar con tu frecuencia a través de la naturaleza, con un «baño de bosque» o una caminata para clarificar tu mente y mejorar tu capacidad de tomar decisiones.

Hay personas que creen en alguna deidad; yo creo en la naturaleza por encima de todas las cosas. Cuando enciendes tu intuición, sabes qué espacios te hacen sentir bien y cuáles no. Y conozco pocas personas que no se sientan mejor después de estar en contacto con lo puro.

Esta práctica llamada *shinrin-yoku* tiene beneficios saludables para el cuerpo y la mente. Genera una reducción del cortisol inmediato, baja la tensión arterial e incluso protege el corazón en la prevención de infartos, según un estudio de la Universidad de Chiba.*

Escoge un entorno natural (parque, bosque, playa) y un tiempo sin distracciones tecnológicas. Mientras caminas, enfócate en tu respiración y en los sonidos de la naturaleza. Siente el suelo bajo tus pies, observa los colores y las formas a tu alrededor, y permite que tu mente divague. Si no puedes parar de pensar:

- Canta, tararea o silba.
- Busca caminos no explorados.
- Practica alguna meditación guiada o *playlist* que te ancle.

---

* Hiromitsu Kobayashi, «Combined Effect of Walking and Forest Environment on Salivary Cortisol Concentration», *Front Public Health*, 2019, <https://pmc.ncbi.nlm.nih.gov/articles/PMC6920124/>.

Estas acciones te ayudarán a entrar en tu propia inmersión.

Según el libro del neurocientífico Shane O'Mara *Elogio del caminar*, caminar regularmente confiere beneficios duraderos y sustanciales: mejora nuestro estado de ánimo, la claridad de pensamientos, nuestra creatividad y conexión con nuestros mundos sociales, urbanos y naturales.*

Después de un tiempo de caminata, haz una pausa y escucha tu voz interna.

- ¿Qué decisiones importantes estás enfrentando?
- ¿Qué te dicen tus pensamientos?
- ¿Qué emociones sientes?
- ¿Qué no es negociable en este momento vital?
- ¿Qué sucederá si no haces nada?
- ¿Cómo puedes hacértelo más fácil?

El simple acto de desconectar y caminar en la naturaleza permite que surjan respuestas intuitivas claras. Este ritual mejora tu claridad mental y emocional, y te ayuda a tomar decisiones más alineadas con tus valores y necesidades profundas, sin la interferencia del ruido cotidiano.

---

* Shane O'Mara, *Elogio del caminar*, Barcelona, Anagrama, 2020.

POR MIS
valores

Habrás oído numerosas veces el «por mis c*jones» de toda la vida. Traigo una alternativa con menos testosterona y muy interesante en busca de respuestas alineadas contigo: «Por mis valores».

Cuando estás bloqueada, apoyarte en tus valores no solo te aporta claridad, sino que te impulsa a tu propia coherencia. Y es que, siempre que hay un bloqueo, hay una incongruencia entre lo que piensas y lo que haces.

Tu propia integridad te conecta contigo y te ayuda a ser muy clara, con tus disparadores, cargadores, límites y decisiones.

¿Qué valor necesito ahora en mi vida para hacer frente a ese desafío?

Te dejo una lista de valores para que te sirvan de guía, pero también puedes escribir los tuyos.

Activismo	Creatividad	Intuición
Adaptabilidad	Diversidad	Lealtad
Alegría	Diversión	Legado
Altruismo	Empatía	Optimismo
Aventura	Equidad	Originalidad
Belleza	Equilibrio	Pasión
Bienestar	Esperanza	Pertenencia
Calidad	Espiritualidad	Resiliencia
Calma	Ética	Simplicidad
Cercanía	Familia	Sostenibilidad
Coherencia	Gratitud	Tradición
Colaboración	Igualdad	Visión
Comunidad	Imaginación	Vulnerabilidad

A continuación, mientras piensas en esa decisión o desafío, voy a pedirte que crees un clima de conexión a través de todos los sentidos y ordenes estos valores en una pirámide.

De esta manera, el más relevante, teniendo en cuenta tu decisión, se situará arriba; los dos siguientes, debajo; los tres siguientes, debajo de estos; y los últimos cuatro, en los fundamentos. Así, estarás recolocando tus valores.

Este ritual facilita que puedas mantener la coherencia interna, incluso en momentos de cambio o incertidumbre. Al buscar respuestas en tus valores, fortaleces tu capacidad de adaptación, alineando tu vida con lo que realmente importa para ti, ahora.

Este ritual también puede hacerse en grupo, es muy poderoso llegar a acuerdos.

Podrías cerrar la práctica con la siguiente reflexión: ¿qué decisión o acción refleja quién soy y en lo que creo, en este momento vital?

MÁS IDEAS PARA TUS RITUALES ESENCIALES

1. **Armario armonía:** Organiza un espacio exclusivo para todos tus cargadores vitales. Materiales que te ayudan a generar un clima de conexión, atención e inmersión en todos los sentidos.
2. **Tu *happy hour*:** Dedica una hora semanal, o las que necesites, exclusivamente para ti, donde puedas disfrutar de actividades que te llenen. No necesitas un cóctel —o quizá sí—, basta con algo que te nutra y te haga sonreír. Pero ten claro que la hora feliz no viene porque sí, hay que agendarla.
3. **Doming-OFF:** Proclama los domingos, o el día que tú decidas, como un día libre de bandejas de entrada, redes sociales y notificaciones. Un día dedicado a la desconexión digital para reconectar contigo misma y con los que te rodean. Te vas a enganchar a los doming-OFF.
4. ***Deep Work*:** Dedica bloques de tiempo a trabajar profundamente, sin distracciones, en tareas significativas. En este ritual, honras la concentración máxima para alcanzar un estado de productividad y claridad.
5. **Tu templo:** Elige un lugar en tu hogar —por ejemplo, el baño— como tu santuario personal, un espacio sagrado para la meditación, la reflexión o para estar en paz. Este rincón es tu templo para recargar tu alma.
6. **Diario de decisiones:** Las decisiones no se toman por la noche. Duerme tus decisiones o anótalas en una libreta y dile a tu cerebro: «Si puedes, esta noche, busca una solución para eso que he escrito». A veces, funciona.
7. ***Playlists* emocionales:** Crea listas de reproducción que correspondan con tu estado emocional o te ayuden a cambiarlo. Utiliza la música como una herramienta para procesar emociones o transformar tu energía.

8. **Rincón de pensar:** Establece un espacio tranquilo donde puedas reflexionar y tomar decisiones importantes sin distracciones. Este es tu rincón de claridad mental, donde las soluciones emergen de forma natural. Yo tengo un sillón en mi habitación destinado a tal fin.
9. **La hoguera:** Soltar lo que ya no nos sirve. En un papel, escribe lo que deseas soltar, «lo que quemas para transformar». Puedes ayudarte de las preguntas efervescentes para reflexionar. Lee en voz alta lo que has escrito y reconoce su impacto con gratitud por las lecciones aprendidas; luego, quema el papel en la hoguera, visualizando cómo el fuego transforma y libera aquello que ya no necesitas.
10. **La siembra:** Identifica épocas en el año para sembrar intenciones y proyectos. Como sucede en la naturaleza, entiende que cada semilla (intención) necesita tiempo, paciencia y cuidado antes de brotar.

RITUALES *(tribu)*

Cultiva la conexión con otras personas a través de la inspiración, la conversación, la relación, la cooperación y la celebración.

INSPIRACIÓN

OFF-icina.

Mentorías doble sentido.

Biz a Biz.

CONVERSACIÓN

Feedback que alimenta.

Co-Co (conversaciones colectivas).

De acuerdo y acuerdo.

RELACIÓN

Tienes tu punto.

5 MM (5 Minutes Masterclass).

Ella me lo enseñó.

COOPERACIÓN

Nueva cultura emocional.

Manifestum.

Ideathon.

CELEBRACIÓN

Fracasos y aplausos.

Barra libre gratitud.

Chinchín.

DEL TÚ
a la
TRIBU

DEL TÚ A LA TRIBU: LOS RITUALES EN LA EMPRESA

A principios de los años sesenta, los científicos de la Universidad de California en Berkeley se propusieron establecer los factores clave que afectan a la salud y la longevidad. Sus resultados, conocidos como los «Siete de Alameda», son bastante lógicos: no fumar, beber con moderación, dormir de siete a ocho horas cada día, hacer ejercicio regularmente, comer de modo equilibrado, mantener un peso moderado y no saltarse el desayuno. Casi te diría que es una obviedad, ¿verdad?

Sin embargo, años después, el mismo equipo descubrió un octavo factor, uno que resultó más importante que todos los demás juntos: la conexión social.

En un mundo donde la hiperindividualidad y la competitividad están en auge, los rituales colectivos en la empresa juegan un papel crucial en fomentar la conexión, la pertenencia y la creación de una cultura diversa y propia, tanto en el entorno laboral como en el social. Que ponga en valor a cada persona, y al grupo.

En términos de cohesión, estos rituales fortalecen los vínculos entre personas y crean un fuerte sentido de pertenencia, lo que facilita la comunicación informal y espontánea entre los miembros del equipo o el «hoy por ti mañana por mí» genuino. Desde la perspectiva cultural, estas prácticas ayudan a transmitir y reforzar los valores corporativos, mantienen vivas las tradiciones importantes de la organización y consolidan una identidad común. Y en el ámbito de la productividad, los rituales colectivos aumentan la motivación del personal, reducen los niveles de estrés laboral y contribuyen a generar un ambiente de trabajo más positivo y colaborativo.

Todo esto se traduce en resultados tangibles, como menor rotación de personal, mayor compromiso con los objetivos organizacionales y mejor coordinación en el trabajo en equipo. La clave está en que estos rituales sean significativos para las personas y, por tanto, estas participen: de hecho, podrían incluso crearlos ellas mismas.

Sin embargo, la mayoría de las líderes miden la cultura en cómo los individuos piensan o se comportan; la dimensión emocional no se tiene en cuenta, y es fundamental, porque una actuará según cómo se sienta, ya lo sabes.

Las líderes que reconocen y gestionan activamente la dimensión emocional de sus organizaciones logran una mejor motivación de sus empleados. Esto se manifiesta a través de diversas expresiones como la alegría compartida, la generosidad (ayudando a una compañera, por ejemplo) o haciendo un sprint cuando en un proyecto andas con el tiempo justo. Y es que no es lo mismo operar en un entorno de libertad y alegría que en otro de miedo.

La cultura emocional influye en la satisfacción de los empleados, el agotamiento, el trabajo en equipo e incluso en indicadores concretos como el rendimiento financiero y el ausentismo laboral. Innumerables estudios empíricos muestran el impacto significativo de las emociones en el desempeño de las personas en sus tareas, tanto en su desarrollo de la creatividad como en su nivel de compromiso con sus organizaciones y su forma de tomar decisiones.*

Por ejemplo, en mi última experiencia en el mundo corporativo, establecí unos vínculos emocionales muy fuertes con el que era mi equipo. Para que te hagas una idea rápida, y sin que sirva de precedente, a Andrea le presenté el que hoy es el padre de sus hijos, a Marta le organicé la boda, y a Noe y Sergi directamente los casé.

Cuando formamos vínculos significativos con los demás, las heridas se curan más rápido, nos libramos de las infecciones con ma-

* <https://hbr.org/2016/01/manage-your-emotional-culture>.

yor celeridad y la presión arterial baja. Sin duda, hay personas que son medicina.*

Cuando fui consciente del poder transformacional de los rituales más allá de mí misma y de mi entorno directo, empezó mi propia revolución interna. Y es que, con una práctica, aparte de sentirme mejor, puedo neutralizar retos colectivos e integrar un ritual para fomentar un valor compartido. El coste de no probarlo es demasiado caro.

Los resultados son increíbles, y el retorno de la inversión y de la emoción, altísimo. Nunca una práctica que ha impactado tan profundamente ha costado tan poco.

Ya sea a través de material pedagógico, como cartas, canvas y dinámicas, o mediante narrativas o conceptos para que las prácticas perduren y se experimenten nuevas maneras de que las personas las hagan suyas.

En este apartado exploraremos rituales que fomenten habilidades para equipos y líderes empáticas con la ayuda de cinco habilidades clave: inspiración, conversación, relación, cooperación y celebración, aplicables todas ellas en contextos familiares, sociales y empresariales.

Antes de presentarlos, quiero que explores el poder de los rituales en la empresa y en la marca. Como emprendedora siempre invierto en crear iniciativas que hagan mi empresa más humana y significativa porque forma parte de mi manera de comprender un negocio.

La implementación de prácticas holísticas en la empresa cultiva una cultura emocional rica y de gran calado. Además, estos rituales tejen una red de conexiones entre las dimensiones personal y pro-

* James S. House, Karl R. Landis y Debra Umberson, «Social Relationships and Health», *Science*, 1988, <https://u.demog.berkeley.edu/~jrw/Biblio/Eprints/%20G-I/house.etal.1988.pdf>.

fesional, creando espacios donde las emociones, las ideas y los valores pueden expresarse y florecer naturalmente.

Estas prácticas transforman el ambiente laboral al integrar aspectos físicos, emocionales y mentales del trabajo. Facilitan el desarrollo de relaciones más profundas entre colaboradores, fomentan la autenticidad en las interacciones y construyen un sentido compartido de propósito.

A través de rituales conscientes y significativos, las organizaciones pueden cultivar un ecosistema emocional que nutre tanto el bienestar individual como el colectivo, resultando en mayor compromiso, creatividad y satisfacción laboral. Una herramienta tan accesible como flexible, adaptativa a bolsillos, personas y contextos.

Y lo mejor de todo es que tú puedes crear y adaptar estos rituales.

De personal a empresarial, el ritual es transversal

¿Tu marca es un hábito o un ritual para tu audiencia?

La empresa en la que trabajas ¿es un hábito o un ritual?

¿Qué productos o servicios que consumes son un hábito y cuáles son un ritual?

Los hábitos te hacen la vida más fácil.

Mientras que los rituales hacen que tu vida sea más significativa.

Los rituales de marca son acciones repetitivas y simbólicas que las empresas utilizan para reforzar su identidad y valores, así como para mantener a su clientela comprometida y fiel.

En el competitivo mundo de los negocios, el poder de la marca y su capacidad para generar vínculo emocional son clave para la supervivencia empresarial. De hecho, varios estudios confirman la hipótesis de que introducir el ritual en un producto potencia la venta, sobre todo en productos con chocolate.* En un mundo acelerado, donde se mide el éxito empresarial por el baremo de la productividad, es crucial reexaminar nuestros enfoques y adoptar un modelo más consciente y humano.

Los rituales transforman productos en experiencias memorables y servicios en momentos significativos. Y, a la vez, son las prácticas que crean una conexión emocional profunda transformando transacciones en relaciones duraderas y equipo en comunidad. Está demostrado que fomentar una cultura que valore las prácticas ritualísticas mejora el vínculo entre personas del mismo equipo. Ya sea para celebrar hitos, crear espacios de comunicación segura, activar rituales de incorporación o despedida en la empresa o generar procesos de reflexión sistemáticos tras la finalización para evaluar un proyecto.

¿Cómo utilizo los rituales en mi empresa?

Rituales de marca: prácticas para la conexión y emoción con la audiencia

Los rituales de marca son prácticas diseñadas para crear una conexión emocional entre la marca y la audiencia o futura clientela. Lo que en argot empresarial se denomina «experiencia de cliente» (*customer experience*), hoy en día es casi más relevante que el producto en sí.

Estos rituales fomentan mejores experiencias individuales o compartidas que reflejan los valores de la marca y generan no solamente un mejor uso del producto o servicio, sino un anclaje emocional, muy valioso.

---

* Entre ellos, el de Kathleen Vohs, Yajin Wang y Francesca Gino, «Rituals Enhance Consumption», Psychological *Science*, 24(9) 2013, <https://www.researchgate.net/publication/249997250_Rituals_Enhance_Consumption>.

¿Qué aportan los rituales de marca?

- Refuerzan la conexión emocional entre la marca y sus clientes, lo que genera lealtad y un cierto sentido de pertenencia.
- Las marcas que implementan rituales destacan frente a la competencia, ya que no solo venden productos o servicios, también ofrecen experiencias.
- Además, estos rituales enseñan a los clientes a usar mejor el producto o servicio, maximizando su valor percibido. Por tanto, potencian un mayor uso, interacción y disfrute del producto.

Rituales para transformar equipos y organizaciones

La mayoría de las empresas, grandes o pequeñas, están muy familiarizadas con el impacto de las experiencias de marca. Sin embargo, se olvidan de que, para que haya una buena experiencia de cliente, es relevante crear buenas experiencias dentro de casa.

Ya sabes, todo trabajo externo empieza dentro, y eso implica trabajar con valores de coherencia.

Estas prácticas ritualizadas se centran en mejorar las dinámicas internas y el rendimiento de los equipos, fomentando la colaboración y facilitando la adaptación al cambio y la cocreación. Además, estos rituales promueven la comunicación, la confianza y el desarrollo personal dentro del equipo.

¿Qué aportan los rituales para la transformación de equipos y organizaciones?

- Impulsan la colaboración y el trabajo en equipo, creando entornos donde las personas se sienten seguras para compartir ideas, innovar y cocrear.

- En entornos cambiantes, ayudan a integrar nuevas prácticas, fomentar la flexibilidad y la adaptación al cambio, así como a mantener la cohesión durante las transiciones.
- Promueven el crecimiento individual dentro del equipo, lo que mejora el bienestar del empleado y la productividad y eficiencia del grupo.

Yo siempre cocreo con las entidades, es decir, aporto una visión o desarrollo una herramienta pedagógica sobre el tema que se me ha encargado. Pero son los valores y la personalidad del grupo los que marcan el proyecto, de manera que se convierte en algo nuevo cada vez. Y lo más relevante: cada organización siente la herramienta suya, pues hemos trabajado emocionalmente los valores que abanderan y los cambios que impactarán con ella.

No hay nada que emocione más que ver cómo tu trabajo influye en el bienestar de la gente. Por eso, crear una práctica para ello implica ayudar a las personas a integrarlo lo antes posible, pero, sobre todo, con todo el sentido.

A continuación, encontrarás varias prácticas para potenciar el vínculo con el grupo, sean clientas, un equipo, colaboradores, amigos o familia, al fin y al cabo, todas ellas personas.

LOS RITUALES DE MARCA

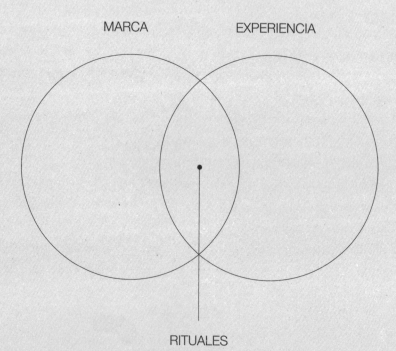

RITUALES

Prácticas simbólicas que conectan a las personas con la marca de manera profunda a través de sus valores y la convierten en parte de su propósito.

INSPIRACIÓN

¿Por qué hay personas que te explican un proyecto y quieres huir, y, en cambio, otras te explican el mismo y matarías por formar parte de él?

Inspirar es la capacidad de inyectar energía a cualquier proyecto o persona.

Implica generar emociones que impulsen la creatividad y la motivación para el cambio.

La exposición a experiencias inspiradoras activa la red de recompensa del cerebro, liberando dopamina y aumentando la motivación y el bienestar. Yo ya lo presentía, pero Rick Hanson así lo confirma.*

Se trata de crear rituales de inspiración, como sesiones de *brainstorming*, compartir historias o experiencias, o presentar nuevas maneras sensoriales y bellas que estimulen un ambiente fresco, nuevo o creativo. La inspiración colectiva es el motor que impulsa la innovación y el crecimiento dentro de un grupo. Al compartir ideas y experiencias, los miembros del grupo no solo se contagian mutuamente, sino que también desarrollan una visión compartida que los motiva a alcanzar metas más altas.

En el contexto del liderazgo, inspirar a otras personas no solo implica presentar ideas nuevas, sino crear un ambiente donde la creatividad y la colaboración florezcan.

---

* Rick Hanson, «Learning to learn from positive experiences», *The Journal of Positive Psychology*, 18(3), 2021, <https://www.researchgate.net/publication/356822337_Learning_to_learn_from_positive_experiences>.

Si buscas sentirte...

OPTIMISTA	MOTIVADA	ASOMBRADA
Verás el futuro con esperanza y posibilidad. El optimismo te llevará a avanzar con confianza, sabiendo que hay oportunidades en toda situación.	Tendrás una energía impulsora que te conducirá a actuar y a conseguir lo que te hace sentir exitosa. La motivación interna te hará estar traccionada, incluso frente a la adversidad.	Experimentarás una profunda admiración y maravilla ante la belleza y complejidad del mundo. Esta emoción te inspirará a explorar y apreciar lo extraordinario en lo ordinario.

OFF-ICINA

Saca el trabajo de la oficina para generar nuevas ideas y perspectivas, lo que fomentará un entorno de trabajo más dinámico y creativo. La intención de este ritual es darles espacio al asombro y a la inspiración, ya que el entorno en el que trabajamos influye profundamente en nuestra capacidad para pensar de manera innovadora. La rutina, los *deadlines* y las prisas no favorecen el pensamiento creativo.

¿Cómo implementar este ritual?

- **Escoge un entorno inspirador:** Elige un lugar diferente para trabajar al menos una vez al mes. Puede ser un parque, una cafetería creativa, un espacio de *coworking* o un entorno natural. El cambio de ambiente estimula la mente y ayuda a abandonar la rutina habitual.
- **Desconecta del formato tradicional:** Cambia las reglas. En lugar de seguir agendas estrictas, da espacio a la espontaneidad y la exploración creativa. Este ritual está diseñado para escapar de las presiones cotidianas y permitir que las ideas fluyan sin restricciones.
- **Fomenta el asombro:** Comienza la sesión fuera de la oficina con una actividad que invite a la reflexión o la curiosidad. Una excelente manera de integrar nuevas ideas es visitar exposiciones o eventos culturales relacionados con tu campo de trabajo. Ya sea una exposición de arte, tecnología, diseño o cualquier otra que conecte con el *expertise* del equipo, estas experiencias visuales y sensoriales son grandes catalizadoras de ideas frescas y perspectivas diferentes.

Usa el entorno y la inspiración para abordar proyectos desde una óptica nueva. E invita a los miembros del equipo a relacionar lo visto con los problemas actuales o la visión a largo plazo.

Termina la jornada con una conversación en grupo sobre los aprendizajes, ideas nuevas o perspectivas que se han generado durante el día. Este momento de compartir permite que el equipo capture la energía creativa y la canalice hacia próximos proyectos.

Anota las ideas más valiosas y piensa en cómo puedes incorporar este tipo de rituales de manera regular.

¿Qué o quién te ha inspirado hoy?

MENTORÍAS
doble sentido

Nadie aprende sola.

Todas tenemos mentoras en la vida. Tú también eres una, o lo serás.

Este ritual está diseñado para fortalecer la colaboración intergeneracional y romper las barreras jerárquicas dentro de un equipo u organización, creando un ambiente donde todas las integrantes se sientan valoradas por sus aportes, sin importar su nivel o experiencia.

Las mentorías en doble sentido consisten en un intercambio mutuo de conocimientos y experiencias entre personas de diferentes generaciones y roles. Aquí, tanto las personas con más experiencia como las más jóvenes tienen algo que enseñar y que aprender. El aprendizaje no fluye en una sola dirección, sino que ambas partes se benefician del intercambio, generando una cultura de respeto, diversidad de pensamiento y apertura a nuevas ideas.

¿Cómo implementarlo?

1. Forma parejas de mentoría intergeneracional, combinando a personas con diferentes niveles de experiencia, áreas de *expertise* o roles dentro de la organización.
2. Establece sesiones regulares en las que ambas partes tengan la oportunidad de compartir lo que saben. Una mentora sénior puede aportar experiencia estratégica, mientras que una mentora júnior puede compartir perspectivas frescas, conocimientos digitales o nuevas tendencias.
3. Asegúrate de que las sesiones de mentoría sean espacios donde las dos partes se sientan cómodas para aprender y enseñar.

Esto implica dejar de lado los egos y adoptar una mentalidad de curiosidad y colaboración.

Al romper las jerarquías tradicionales, se fomenta un ambiente donde la diversidad de pensamiento se convierte en un motor de innovación. Las ideas que nacen de este intercambio son creativas y adaptables, ya que están enriquecidas por múltiples perspectivas.

Al final de cada ronda de mentoría, tanto la mentora como la persona mentorizada deberán compartir lo aprendido y cómo piensan aplicar ese conocimiento. Este ritual fomenta un aprendizaje continuo y fortalece las conexiones humanas dentro del equipo.

BIZ
a Biz

Crea y lidera un círculo de crecimiento empresarial, fomentando la colaboración, el intercambio de ideas y el desarrollo de nuevas oportunidades dentro de un grupo de líderes o emprendedoras.

Un círculo de crecimiento empresarial es un encuentro periódico entre un grupo reducido de personas que comparten intereses, valores o retos y que, además, han decidido crecer juntas. El propósito es compartir experiencias que generan conocimiento y poder obtener perspectiva, visión, vínculo o contactos para alcanzar tus objetivos individuales a través de la inteligencia y la generosidad del grupo.

La simbología circular es relevante por estar asociada a lo cíclico y a las dinámicas de relación inclusivas, equitativas y en continuo movimiento. También porque en esta experiencia se utiliza la rueda de palabra como herramienta clave de comunicación que potencia la expresión auténtica, la escucha activa y la transversalidad.

A continuación señalo algunos consejos para elevar la práctica:

1. Implanta un *mastermind* o círculo de crecimiento empresarial. Se trata de un espacio de contribución y generosidad colectiva a través de la colaboración y el liderazgo individual.
2. El *mastermind* puede tener de una a tres horas de duración y puede realizarse física o digitalmente en un entorno que inspire. En cada encuentro, la *host* o líder —rol que invito a que sea rotativo— es la persona encargada de liderar la dinámica y puede tomar decisiones siempre en beneficio del grupo.

3. Es idóneo que las personas que forman parte del grupo (de tres a seis) se comprometan a reunirse periódicamente. Que los encuentros sean el mismo día y a la misma hora ayuda a generar fluidez y compromiso. Por ejemplo, el último jueves de mes, a menos que haya jueves del emprendimiento.
4. La líder debe establecer un espacio seguro, garantizando que haya equidad en los tiempos establecidos y que valores como la empatía y la escucha activa sean pilares de este círculo. Además, la líder añadirá su estilo y creatividad en el encuentro porque la autenticidad y la honestidad enganchan.
5. Las reuniones deben responder a una estructura de inicio, desarrollo y final. El inicio es abierto; la líder lidera y presenta al grupo las preguntas efervescentes para su reflexión interna e individual (diez minutos).
6. La práctica relacionada con la ciclicidad lunar establece cuatro preguntas evolutivas según cada fase:
    - Luna nueva: ¿en qué estás trabajando que todavía no ha visto la luz?
    - Luna creciente: ¿qué te mantiene activa, con máximo foco y energía?
    - Luna llena: ¿qué celebras?
    - Luna menguante: ¿qué lecciones has aprendido este mes? ¿Qué no harías de nuevo?
7. A través de las preguntas se desarrolla la «rueda de palabra», una herramienta de comunicación que potencia la expresión auténtica y la escucha activa. El tiempo establecido se adaptará al número de personas.
8. Finalizada cada intervención en la rueda de palabra, la persona podrá pedir feedback del grupo si así lo desea.
9. Cuando todas las personas hayan pasado por la rueda de palabra o el feedback, se concluirá el encuentro. La gratitud es una emoción que siempre ayuda a cerrar bien.

Es relevante que cada círculo establezca sus valores y acuerdos para que todas las personas se sientan acompañadas y vinculadas en esta dinámica de crecimiento empresarial y personal. Recuerda, liderar es DAR.

Este ritual fomenta un sentido de comunidad y colaboración, creando un ecosistema donde las ideas pueden crecer y las oportunidades ser exploradas de manera conjunta. Al liderar un círculo de crecimiento, desarrollas tu propio negocio y también potencias el éxito de otros.

En el apartado de RITUALAB descubrirás más sobre este ritual y cómo lo cocreamos.

CONVERSACIÓN

En 2019, viajé sola a Nueva York para inspirarme. Nada más llegar, asistí a una charla de Priya Parker, una facilitadora que genera espacios de conversación colectiva; me apunté porque quería escucharla, conocerla en persona y que me firmara su libro. Éramos un centenar de asistentes. Empezó su dinámica y nos hizo movernos por la sala según nuestras respuestas. Era una danza de conversación colectiva en silencio, bellísima. En un momento dado, cogió el micrófono para dar voz a ese movimiento. Yo gritaba por dentro: «Que no venga a mí, por favor».

«Gemma, inglés oxidado, perfil bajo», me dije. ¿Adivinas quién abrió la sesión?

Yo. Nunca lo olvidaré. Tampoco lo que me escribió Priya en mi libro. Ni que fue un regalo de Pat. Alumnas que se convierten en maestras.

Las conversaciones auténticas y significativas son el tejido que mantiene unido a cualquier grupo. Permiten la expresión de ideas, la validación emocional, la resolución de conflictos y la construcción de confianza. Una buena conversación no solo informa, sino que también conecta a las personas. Lo que no se dice no existe. Las palabras sanan y pueden generar un impacto positivo en ti.

Los rituales que fomentan la comunicación abierta, como reuniones regulares de feedback o círculos de conversación, pueden mejorar la calidad de nuestras interacciones. Estos rituales nos ayudan a desarrollar la escucha activa y la empatía, esenciales para construir relaciones sólidas y efectivas.

Si buscas sentirte...

ACEPTADA	ESCUCHADA	SEGURA
Serás reconocida tal y como eres dentro de tu entorno. La aceptación de los demás reforzará tu sentido de pertenencia y seguridad.	Estarás comprendida y validada porque los demás prestan atención genuina a lo que tienes que decir. Esto reforzará tu confianza y bienestar en las interacciones.	Notarás que estás en un entorno protegido, en el que puedes expresarte con libertad y hasta pertenecer.

FEEDBACK
que alimenta

El feedback es alimento para el crecimiento.

Sin embargo, recibir y dar feedback constructivo es un arte. Este ritual pretende estimular la importancia del intercambio de visión de una manera segura, ligera y divertida, fomentando los entornos horizontales y las conversaciones distendidas.

Los emojis permiten simplificar las emociones y sensaciones, haciendo que el feedback sea más cercano y, sobre todo, menos intimidante, forjando confianza y conexión a través de un lenguaje visual que todas entendemos.

Crea un entorno que genere inmersión y horizontalidad, y basa tu propuesta en una cuestión abierta o en preguntas estructuradas:

¿Qué emoji describe mejor cómo te ha hecho sentir este proyecto o situación?

A continuación, da un espacio a las personas para seleccionar los emojis, que pueden estar proyectados o impresos en cartas. Después, empieza la rueda de feedback que alimenta.

Algunas recomendaciones:

- **Empezar con lo positivo:** Comienza resaltando lo que fue bien, utilizando un emoji que exprese satisfacción, reconocimiento o logros. Ejemplo: «¡👏 Gran trabajo liderando el equipo, tu energía fue 🔥!».
- **Feedback constructivo ⚠:** Emplea emojis para señalar algo que necesita mejora, de manera amigable y sin perder el enfoque positivo. Ejemplo: «Quizá se podría mejorar la planificación».

- **Cerrar con optimismo** ★: Termina con un emoji motivador para reforzar que el feedback está orientado al crecimiento y destacar la confianza en las capacidades de la persona.

Imagina que cuando acabas un proyecto hay un ritual de cierre. En este podría haber tres preguntas clave que se pueden responder con un emoji o sin él. Las herramientas deben facilitarnos y abrirnos nuevos caminos, así que sé flexible.

Ritual: Evaluación de un proyecto en emojis ✨📊

1. ¿Qué me ha emocionado personalmente? ♥
2. ¿Cuál ha sido el mayor aprendizaje? 🧠
3. ¿Qué ha aportado más orgullo de equipo? 🏆

Estos rituales pueden facilitar la comunicación entre equipos, ya que simplifican y suavizan el feedback, haciéndolo menos formal, más accesible. Además, fomentan una cultura de feedback continua, divertida y ágil ideal para momentos donde se necesita retroalimentación rápida o entre equipos remotos.

Este ritual de feedback en emojis es una manera creativa y sencilla de mantener el crecimiento, generando confianza y conexión a través de un lenguaje visual que todos entienden.

COCO
conversaciones colectivas

Las conversaciones nos mueven y nos remueven. Lo que callamos se estanca. Lo que se estanca se pudre.

Las COCOS son unas dinámicas ritualizadas que inventé hace años para generar conversaciones en torno a un tema o reto específico con expertas de ese ámbito. Y donde, a través de una buena vehiculación de la conversación, esas ideas son recopiladas para llegar a conclusiones colectivas y a planes de acción aplicables. Ya sea a través de una infografía, ya sea mediante un decálogo final que luego se divulgan digitalmente.

Facilitar un espacio de diálogo en el que todas las personas del grupo puedan participar de manera abierta y respetuosa, construyendo sobre las ideas de los demás para llegar a soluciones o conclusiones colectivas, es muy poderoso.

Las COCOS son espacios inspiradores y facilitados por una persona que asegura la participación equilibrada, la escucha activa y la desactivación de egos, algo muy relevante en el mundo que vivimos.

Designar a una facilitadora que guíe la conversación es esencial, sobre todo si hay algún reto encima de la mesa, para asegurarse de que todos los puntos de vista son escuchados, valorados y expresados.

Aquí van algunos consejos para implantar esta dinámica:

- Inicia la conversación con tres preguntas clave que toquen los temas principales que se desean abordar. Estas preguntas deben ser abiertas y estimulantes, alentando la reflexión y el intercambio de ideas. Por ejemplo, ¿cómo cultivar la creatividad en el trabajo?, o ¿cómo fomentar el bienestar en la oficina?

- Crea un ritmo y acuerdos de tiempo y participación que estimulen la circularidad y el equilibrio.
- Cuando finalice el ritual, honra la participación y la cocreación. La conversación es un baile colectivo y crea una manera atractiva de compartir algunas conclusiones que sean de fácil aplicabilidad. Por ejemplo, «los cinco rituales para proteger tu bienestar en la oficina». Establece cuándo será la próxima sesión.

Personalmente la conversación es una herramienta poderosísima para articular y organizar pensamientos, para la escucha activa y para la toma de consciencia. He creado varias herramientas en diferentes corporaciones para estimular la conversación en varios temas como el liderazgo o la mentalidad empresarial. No subestimes el poder de una buena conversación: es absolutamente transformadora.

Este ritual promueve un diálogo abierto y colectivo, donde todas las voces son escuchadas y consideradas —y si no es así, hay que establecer mecanismos horizontales—, creando un entorno colaborativo y respetuoso para el intercambio de ideas.

DE ACUERDO
y acuerdo

De acuerdo y acuerdo es un ritual para cerrar reuniones o discusiones importantes con claridad y empatía, utilizando los conceptos «estoy de acuerdo» y «acuerdo» para propiciar consensos.

La intención es crear puntos de entendimiento y facilitar la toma de decisión y la colaboración reconociendo tanto los puntos de acuerdo como las diferencias que permitan avanzar de manera colaborativa.

Y es que hay reuniones que no acaban porque no llevan a ningún sitio.

Este es un ritual que a mí me funciona, sobre todo porque brinda mucha claridad y crea espacio para ceder.

Estoy de acuerdo en...

Estas áreas representan los puntos de consenso que servirán como base para la acción futura. Anótalos claramente para que todos tengan una referencia común.

Después añade los puntos en que estás de acuerdo con tu interlocutora.

Acuerdo...

A continuación, identifica las áreas en las que existen diferencias o desacuerdos. En lugar de verlas como obstáculos, trabaja para llegar a un acuerdo, transformando estas diferencias en acuerdos colectivos. ¿Qué acuerda cada persona para llegar a un punto medio de consenso?

Este ritual facilita la toma de decisiones en grupo, promoviendo la flexibilidad y el compromiso.

Además, está diseñado para mejorar la comunicación dentro del grupo, y abordar tanto las conversaciones cotidianas como las complejas y valientes de manera efectiva y respetuosa. Al implementar el ritual De acuerdo y acuerdo, conseguirás fomentar un entorno de trabajo más colaborativo y fortalecerás las relaciones y el rendimiento del equipo.

RELACIÓN

Un estudio de la Universidad de Harvard, que abarcó más de setenta y cinco años, ha concluido que las relaciones significativas son el factor más importante para una vida larga y feliz. En la era digital, donde las interacciones pueden ser superficiales, construir relaciones profundas y de calado es más importante que nunca.*

Los rituales de conexión emocional, como las comidas colectivas, las celebraciones o las actividades de equipo, fortalecen las relaciones y crean un sentido de pertenencia. Nuestras relaciones son un sistema vivo y a veces necesitan dedicación.

Los rituales que generan relación están diseñados para crear espacios donde las personas puedan conocerse mejor, compartir sus fortalezas y conectar de manera más profunda y auténtica, creando un entorno de trabajo donde la conexión personal y la colaboración son prioritarias.

Al incorporar estos rituales, no solo se construyen relaciones más fuertes, sino que también se crea un equipo más unificado y productivo, donde todos se sienten valorados y conectados.

Estos rituales son especialmente útiles en dinámicas de equipo, reuniones o incluso en eventos especiales como cenas o *kick-offs* de proyectos.

---

* <https://www.adultdevelopmentstudy.org/>. El director del estudio, Robert Waldinger, dio una charla TED sobre las lecciones del Estudio del Desarrollo de Adultos de primera generación. Puedes verla aquí: <https://www.youtube.com/watch?v=8KkKuTCFvzI&t=2s>.

Si buscas sentirte...

EMPÁTICA	PERTENENCIA	APOYADA
Podrás comprender y compartir las emociones de los demás. La empatía te conectará profundamente con las experiencias de otros y fortalecerá los vínculos.	Formarás parte integral de un grupo o comunidad. El sentido de pertenencia te dará seguridad emocional y fortalecerá tu identidad dentro del colectivo.	Sabrás que tienes una red de personas que te respaldan. Este apoyo te brindará confianza y seguridad para enfrentar cualquier desafío.

TIENES
tu punto

Como experta en marca personal, siempre me parece relevante recordar que, para conectar con otras personas, primero hay que conocerse a una misma. Y que muchas veces no conocemos a aquellas con las que trabajamos y colaboramos. Y francamente, es posible que tus prejuicios estén nublando a alguien que tiene su punto.

Recomiendo hacer este ritual una vez al año, quizá dinamizando una cena, un *teambuilding* o un cambio de etapa. A través de unas pegatinas en forma de círculo que recogen habilidades, características identitarias o rasgos de la personalidad, debes definirte eligiendo entre cinco y diez de ellas; dependerá de las que hayas creado y del tiempo que hayas establecido. Estas etiquetas pueden proporcionarse previamente o crearse en el momento.

Una vez que todas hayan elegido sus etiquetas, las participantes se reúnen en grupos pequeños para compartir sus elecciones y explicar o responder preguntas relacionadas con las pegatinas.

Esto abre la puerta para que te conozcas más a ti misma, pero también para que los demás conozcan mejor a cada persona. Se trata de un ritual que siempre adquiere un aire divertido y distendido, en el que se mezcla la conversación.

Algunas preguntas que puedes utilizar son:

- ¿Cuál es tu superpoder?
- ¿De qué etiqueta te sientes más orgullosa?
- ¿Qué te une con la persona que tienes delante?
- ¿Qué etiqueta te ha hecho dudar más?
- ¿Cuál no has elegido porque es contraria a ti?

Este ritual es ideal para crear una base sólida de comprensión mutua. Además, permitirá que los miembros del equipo se valoren por sus fortalezas únicas y colaboren de manera más efectiva desde el principio.

5MM
5 minutes masterclass

El ritual 5MM, o 5 Minutes Masterclass, está diseñado para fortalecer las relaciones dentro del equipo o comunidad, donde cada persona tiene la oportunidad de ser tanto alumna como maestra.

Inspirado en el concepto de microaprendizaje y respaldado por estudios de la Universidad de Sídney que demuestran que cinco minutos de descanso pueden refrescar tu mente,* este ritual busca potenciar la conexión y el intercambio de conocimientos de una manera dinámica y participativa.

A través de microclases de cinco minutos, lideradas por diferentes miembros del grupo, podréis compartir conocimientos, habilidades o experiencias, creando un ambiente de aprendizaje continuo y fortaleciendo el sentido de comunidad.

Cada semana, una miembro del equipo será seleccionada para preparar una microclase de cinco minutos sobre un tema de su elección. Puede ser algo relacionado con su trabajo, una pasión personal o una habilidad única que quiera compartir.

La microclase se realizará en un momento designado durante la semana, ya sea al inicio de una reunión o en un descanso durante el día. La duración de cinco minutos es clave para mantener la atención y asegurar que el contenido sea conciso y directo.

Cada semana, el rol de maestra cambiará de manos. Así, se asegura que todas las personas interesadas tengan la oportunidad de enseñar y aprender. Esta rotación crea un ambiente inclusivo

---

* Paul Ginns, Katherine Muscat y Ryan Naylor «Rest breaks aid directed attention and learning», *Educational and Developmental Psychologist*, 40, 2023, <https://www.tandfonline.com/doi/full/10.1080/20590776.2023.2225700>.

y refuerza la idea de que cualquiera tiene algo valioso que compartir.

El ritual 5 Minutes Masterclass no solo refresca la mente, sino que también fortalece las relaciones al crear un espacio donde todas pueden ser alumnas y maestras. Las clases pueden ser grabadas en formato pódcast y dejarlas en un repositorio corporativo.

La simplicidad y brevedad de las microclases las convierten en un poderoso medio para el aprendizaje continuo, la inspiración y la construcción de una comunidad más unida y colaborativa.

ELLA
me lo enseñó

La intención de este ritual es dar voz a quien no la tiene. Valorar lo que a menudo pasamos por alto. Tomar conciencia de cómo un libro, una mentora, una amiga o alguien valiente puede generar un impacto en tu vida que no sabes en qué se transformará. Reconocer y apoyar a esas personas por su acción es la intención de este ritual.

Hace años leí que, dentro de la Administración de Barack Obama, un grupo de mujeres desesperadas por ser constantemente interrumpidas o ignoradas en las tomas de decisiones inventaron una estrategia para apoyarse y potenciarse. Esta era bien sencilla: cuando una mujer planteaba una idea o defendía un cambio, otra buscaba la manera de repetirla dándole crédito a la primera. Esta estrategia fue llamada «amplificación». Y si esto ocurría en la Casa Blanca, puedes imaginarte lo que sucederá en el resto de las casas, sean del color que sean.

Este ritual puede ser individual o colectivo. Espontáneo u orquestado.

Aquí tienes algunos ejemplos:

1. **El círculo de gratitud digital**: cada viernes, el equipo dedica quince minutos a compartir en el canal de comunicación interno una historia breve sobre una mujer que les inspiró esa semana. Se etiqueta con #EllameMeloEnseñó.
2. **La pared de las maestras**: se trata de un espacio físico en la oficina donde, mensualmente, se destaca un aprendizaje o descubrimiento inspirador.
3. **Boca a boca**: en las reuniones mensuales, se reservan diez

minutos para que alguien comparta la biografía de una mujer cuyo trabajo admira pero es poco reconocido.

«Ella me lo enseñó» es un espacio dedicado a reconocer, apoyar y amplificar la voz de otras personas. Independientemente de la acción, ese espacio liminal que has creado para honrar y amplificar ideas ajenas funciona como un refugio de gratitud y también como un trampolín para el reconocimiento.

Encuentra una forma creativa de expresar gratitud, de apoyar a esa persona o de amplificar su voz. ¿A quién puedes ayudar propagando su mensaje o ideas y reconociendo cómo su labor ha impactado en tu trabajo o sector?

COOPERACIÓN

Pertenecer no significa encajar.

La verdadera pertenencia no requiere que cambies quién eres; requiere que seas quien realmente eres, dice Brené Brown. Boom.

Esta distinción es fundamental cuando hablamos de cooperación auténtica, que va más allá de trabajar juntas, ya que implica crear espacios donde cada persona pueda aportar desde su autenticidad y la propia diversidad individual al grupo.

Muchas empresas —o incluso líderes— no se dan cuenta de cuán fundamentales son las emociones para construir la cultura adecuada. Y tienden a centrarse en la cultura cognitiva: los valores y normas compartidas e integradas. Sin embargo, se ha descubierto que la cultura emocional influye en la cooperación y la motivación, e incluso previene el agotamiento o absentismo laboral.

La cultura emocional es una red invisible que sostiene o socava la colaboración real.* Y es que se puede cooperar desde el amor o desde el miedo. Y los resultados no serán los mismos.

La evidencia es clara: las emociones positivas se correlacionan consistentemente con mejor desempeño, calidad y servicio al cliente en todos los niveles organizacionales. No es una coincidencia, es el resultado directo de crear espacios donde las personas se sienten seguras, escuchadas y valoradas por quienes son.

La cooperación implica trabajar juntas hacia un objetivo común, fomentando la colaboración y la cocreación, y esto es posible forjando espacios diversos donde todas las personas se sientan seguras, escuchadas y valoradas. Y donde haya una cultura emocional consciente, que no solo mejora los indicadores de negocio, sino que crea

---

* Sigal Barsade y Olivia (Mandy) O'Neill, «Manage Your Emotional Culture», *Harvard Business Review*, enero-febrero de 2016, <https://hbr.org/2016/01/manage-your-emotional-culture>.

espacios donde la cooperación auténtica puede florecer, donde la diversidad es una fortaleza y donde cada persona puede ser genuinamente quien es.

Si buscas sentirte...

VALORADA	COMPROMETIDA	MOTIVADA
Verás tus contribuciones apreciadas por los demás. El reconocimiento reforzará tu autoestima y te motivará a seguir colaborando de manera significativa.	Estarás dispuesta a dar lo mejor de ti en cualquier proyecto o relación. El compromiso reflejará tu sentido de responsabilidad y dedicación hacia el éxito colectivo.	Te impulsará a cooperar y trabajar en equipo para alcanzar objetivos comunes. Esta motivación te inspirará a aportar con entusiasmo y energía.

NUEVA CULTURA
emocional

Consiste en desarrollar una consciencia emocional colectiva que permita identificar, valorar y gestionar tanto las emociones cómodas como las incómodas en el entorno de trabajo, para crear una cultura que apoye el crecimiento personal y grupal.

¿Qué dinámicas me han hecho sentir incómoda?

¿Qué dinámicas me han hecho sentir cómoda?

Cada miembro del equipo elige una emoción que haya sentido recientemente en el trabajo, puede ser una emoción cómoda (como alegría, confianza) o incómoda (como frustración, ansiedad).

A medida que las participantes comparten su emoción, deben ir explicando:

- ¿Qué desencadenó esa emoción?
- ¿Cómo influyó en su rendimiento o relaciones en el trabajo?
- ¿Cómo la gestionaron o podrían gestionarla mejor?

Ejemplo: «Hoy elijo la emoción de miedo porque me he sentido insegura respecto a un nuevo proyecto. El temor a no cumplir con las expectativas me ha hecho tener ansiedad, pero hablar con mi compañera me ayudó a calmarme».

Al compartir, las personas del equipo desarrollan empatía y comprensión hacia las experiencias emocionales del resto, creando un ambiente de confianza.

Estas revisiones pueden incluirse en reuniones internas de estatus para revisar cómo el equipo está gestionando sus emociones y si necesitan ajustes.

MANIFESTUM

Se trata de construir y actualizar un manifiesto colectivo que represente la cultura, los valores y los objetivos del equipo, empresa o proyecto. Este funcionará como una guía compartida que alineará las acciones y decisiones, fortaleciendo el sentido de pertenencia y unidad en el trabajo colaborativo.

Antes de comenzar, organiza un espacio cómodo y simbólico que represente un ambiente de colaboración y apertura. Coloca objetos o elementos visuales que representen los valores del equipo, como imágenes, palabras clave o símbolos que los representen. También puedes pedir que cada persona del equipo traiga algún elemento o aporte alguna palabra con la que se sienta representada.

Comienza el ritual solicitando a cada participante que reflexione de manera individual entre cinco y diez minutos sobre las siguientes cuestiones:

- ¿Qué valores son esenciales para mí en el trabajo en equipo?
- ¿Qué deseo aportar al equipo este año o en este proyecto?
- ¿Cómo quiero sentirme mientras trabajamos juntos?
- ¿Qué metas colectivas me motivan?

Cada persona puede usar un cuaderno o una hoja para escribir sus respuestas. Esta reflexión inicial ayuda a que cada miembro se conecte con sus ideas y emociones antes de la colaboración grupal.

Dependiendo del tamaño del equipo, se formarán pequeños grupos o se compartirá de modo individual los valores que se han identificado durante la reflexión previa. La facilitadora recopilará los valores compartidos y guiará una discusión para identificar los valores que más hayan resonado.

Con los valores y los objetivos identificados, es hora de redactar el manifiesto colectivo. Puedes seguir un formato flexible, pero debe incluir:

- Quiénes somos como equipo o proyecto y qué representa nuestra cultura.
- Cuáles son nuestros valores fundamentales (numerar y explicar brevemente los valores seleccionados).
- El propósito común: declaración clara de los objetivos colectivos.
- Cuál es nuestro compromiso: cada miembro puede agregar una frase que refleje su compromiso personal con el manifiesto.

Mi propuesta es redactar diez puntos informales, optimistas y que conecten con el espíritu grupal. En el manifiesto de mi empresa se recoge: «Las optimistas dominarán el mundo».

Para cerrar el ritual, realiza una actividad que ancle emocionalmente el manifiesto colectivo. Por ejemplo, mientras se redacte el texto, cada miembro puede firmar o dejar una huella en un mural o un documento simbólico que represente el compromiso del equipo.

Este ritual puede ser una herramienta poderosa para crear una cultura organizacional fuerte, donde cada integrante se sienta valorada y motivada para contribuir al éxito común.

IDEATHON

Lo más valioso de un equipo es la diversidad. Cerebros diversos, experiencias vividas opuestas, especialidades complementarias. Lo que a primera vista puede parecer un obstáculo, se convierte en una zancada.

La cocreación continua y colaborativa es algo que siempre he cuidado mucho en mis equipos, pues me parece estimulante como líder y como miembro de equipo. Ceder una parte de tu visión y complementarla con la de otras personas requiere compromiso, generosidad y apertura. Y es un catalizador de la motivación colectiva y sentimiento de equipo.

Las ideas se funden, dejan de pertenecer a alguien en particular y ganan en matices. Preparar un entorno distendido, libre de tecnología y sensorial, puede llevarnos a sintonizar antes con nuestras ideas.

Imagina un panel en el que puedes dejar tu bloqueo con un proyecto. A lo largo de una semana, otras personas pueden darte nuevas ideas o plantear nuevas preguntas. También puedes preparar una sesión de *ideathon* a través del *brainwritting*.

Para ello, se presenta una pregunta o desafío claro al grupo, idealmente conformado entre cuatro y ocho participantes. El proceso comienza con cada persona escribiendo tres ideas en una hoja durante tres minutos. Al finalizar este tiempo, cada participante pasa su hoja a la compañera de al lado. La siguiente persona lee las ideas previas y añade tres nuevas, inspirándose en o construyendo sobre lo ya escrito. Este ciclo continúa hasta que las hojas han completado una vuelta completa al círculo.

El ideathon resulta especialmente efectivo porque reduce la influencia de personalidades dominantes, permite tiempo para la reflexión individual y suele generar más ideas que una sesión tradicional de lluvia de ideas verbal.

El formato escrito también ayuda a minimizar los sesgos sociales y la autocensura, permitiendo que emerjan ideas más diversas y originales.

Las sesiones de cocreación son un chute de innovación y de colaboración, donde las ideas, las emociones y los recursos fluyen libremente, incluso en momentos de bloqueo creativo. Son la mejor manera para cohesionar equipos a través de la aportación de valor y la diversidad.

Honra al equipo por su valentía. En estas sesiones no hay que llegar a ninguna conclusión, solo celebrar el trabajo en equipo.

CELEBRACIÓN

Nos encanta celebrar, pero a menudo estamos tan enfocadas en hacer o en conseguir que olvidamos reconocer lo que ya somos. Enfocarnos solo en los objetivos sin detenernos a celebrar los logros puede llevar a la desmotivación y al agotamiento, muy rápidamente. Cada día, la empresaria e inventora del *wrap dress* Diane von Fürstenberg envía dos correos electrónicos que no la benefician directamente, pero que ayudan a otras personas. Este pequeño ritual es una manera de honrar y celebrar su éxito, ahora que ya está retirada.

La celebración implica valorar y honrar los logros, fomentando un sentido de comunidad, pertenencia y gratitud. Practicar el agradecimiento está relacionado positivamente con una mayor vitalidad, energía y entusiasmo. Además, genera compromiso laboral. Así, las profesionales más agradecidas son más eficientes, más productivas e incluso responsables. Expresar gratitud en el lugar de trabajo es una acción proactiva para construir vínculos interpersonales y desencadenar sentimientos de cercanía y unión.*

La gratitud es menos común en el trabajo que en otros ámbitos de la vida. Por ello, el contexto laboral presenta desafíos únicos para cultivar la gratitud y crear una cultura emocional que fomente espacios de honra genuina.

Celebrar los aciertos y los fracasos, valorando el camino recorrido y no únicamente el resultado, es clave para construir una mentalidad resiliente y agradecida. Estos rituales nos recuerdan la im-

---

* Lauren R. Locklear, Sharon Sheridan y Dejun Tony Kong, «Appreciating Social Science Research on Gratitude: An Integrative Review for Organizational Scholarship on Gratitude in the Workplace», *Journal of Organizational Behavior* 44(1), 2022, <https://www.researchgate.net/publication/359141622_Appreciating_Social_Science_Research_on_Gratitude_An_Integrative_Review_for_Organizational_Scholarship_on_Gratitude_in_the_Workplace>.

portancia de valorar y honrar tanto nuestros logros individuales como colectivos, promoviendo un ambiente positivo y gratificante.

Si buscas sentirte...

ORGULLOSA	AGRADECIDA	REALIZADA
Estarás satisfecha y honrada por tus logros, pero sobre todo por quién eres. El orgullo afianzará tu autoconfianza y te permitirá reconocer el valor de tu esfuerzo y de tus propios valores.	Experimentarás un profundo aprecio por las experiencias y las personas que te rodean. La gratitud te conectará con lo positivo en tu vida y te impulsará a seguir adelante.	Notarás que estás donde quieres estar: alineada con la vida, en un estado de satisfacción plena. La realización es la culminación de tus esfuerzos y refleja el éxito personal y profesional.

FRACASOS
y aplausos

El éxito está hecho de fracasos.

Este ritual nos ayuda a integrar el fallo o el error como parte del proceso creativo, transformando momentos difíciles en oportunidades colectivas e individuales para crecer, aprender y mejorar.

La práctica comienza con una breve reflexión grupal o individual en la que se reconoce un error o fracaso reciente. Cada participante es invitado a compartir su experiencia, enfocándose en las emociones que surgieron y las lecciones aprendidas.

Una vez compartida la experiencia, el grupo responde con un aplauso cálido, no solo como muestra de apoyo, sino también como una celebración del coraje necesario para aceptar los fracasos. Este gesto simboliza que el error es una fuente de crecimiento.

Para finalizar, se invita a cada persona a expresar en una palabra lo que le ha aportado la experiencia: ¿qué sabiduría extraen para avanzar con mayor claridad? Este cierre refuerza la idea de que el fracaso no es el final, sino un catalizador para la mejora continua.

Este ritual cambia la narrativa sobre el fracaso, transformándolo en una fuente de aprendizaje y crecimiento, lo que fomenta una cultura de resiliencia y evolución constante.

BARRA LIBRE
de gratitud

Incorporar la gratitud como una práctica colectiva que reconoce tanto los grandes logros como los pequeños gestos es muy poderoso para fortalecer la conexión emocional y el bienestar en el equipo.

Practicar la gratitud de forma colectiva afianza las relaciones, mejora el ambiente laboral y aumenta la satisfacción y motivación del equipo, lo que crea una cultura de reconocimiento y apoyo mutuo.

Se puede realizar de tantas maneras como imagines. A través de una *newsletter* digital, de un momento de reconocimiento en una reunión, de un espacio físico en el que se honre a varias personas y por qué, o incluso mediante un recipiente donde cada persona deje una nota de agradecimiento y coja otra al azar para agradecer alguna persona. La gratitud puede expresarse de diferentes formas: en persona, por escrito, en un tablón de agradecimientos o con mensajes digitales.

Reconocer de forma pública las contribuciones y apoyos que suelen pasar desapercibidos es algo verdaderamente poderoso en las relaciones. Esta práctica refuerza el sentimiento de pertenencia y el valor de cada miembro del equipo.

No olvides que estos rituales también pueden hacerse entre familia o círculos sociales. Haz que prestarle tus ojos a otra persona sea un regalo memorable.

CHINCHÍN

Recupera la tradición del brindis como un momento de conexión y significado, utilizándolo para celebrar tanto los éxitos como los desafíos superados. Se refuerzan así los vínculos y la visión compartida.

Desde la antigua Grecia hasta la actualidad, y de manera global, el brindis siempre ha sido un ceremonial enfocado a celebrar y honrar. Hoy en día, realizamos brindis con cotidianidad, pero con poca intención genuina. Yo te propongo recuperarlo como ritual que celebra lo esencial. «Chinchín» viene del chino mandarín *xin xin*, que significa «corazón a corazón», simboliza la conexión emocional y la sinceridad del momento.

Un brindis podría ser como un tuit, una historia corta pero emocional. En este ritual la *host* o facilitadora invita a cada participante a realizar su propio brindis, donde puede reconocer un logro personal, colectivo o compartir una reflexión sobre un desafío superado.

Priya Parker, le dio un twist muy interesante. Ella inventó el ritual de «los quince brindis». Se trata de una práctica intimista de historias personales que transforman una reunión en un espacio de conexión profunda. La facilitadora escoge un tema genérico, «los rituales en la era de la hiperconectividad»; luego, cada participante comparte una historia personal relacionada con el tema, una historia que nadie en el círculo haya escuchado antes. La narración incluye no solo los hechos, sino también el aprendizaje o la transformación que surgió de esa experiencia. La dinámica mantiene un elemento de tensión creativa: la persona que quede última deberá cantar su historia en lugar de contarla. El conflicto creativo está asegurado.

El ritual concluye con un brindis colectivo en el que todas las personas levantan sus copas simultáneamente, acompañado de palabras finales que refuercen la visión compartida del equipo: unidad, confianza y compromiso mutuo. Este cierre ritual refuerza la conexión emocional y la sensación de pertenencia, inspirando al equipo a seguir adelante juntos.

AMALGAMA DE RITUALES

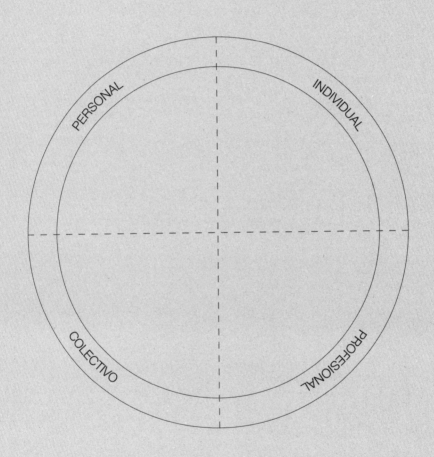

ANOTA LOS RITUALES
QUE NECESITAS EN ESTE MOMENTO VITAL

HAY PERSONAS QUE CREEN EN LA MAGIA, YO CREO EN SABER *crearla.*

07

RITUALAB:
laboratorio para diseñar y liderar tus propios rituales de marca

En este capítulo me han acompañado...
ALL THE STARS | KENDRICK LAMAR
RESILIENT | RISING APPALACHIA
ORAL | BJÖRK, ROSALÍA

Acabas de llegar a la parte más interactiva del libro, donde los rituales cobran vida por y para ti. Cuando mis ideas y palabras, fusionadas con tu emoción, liderazgo y visión, van a moldear tu realidad y la de quienes te rodean. **Y es que el ritual no es solamente una práctica para activar la conciencia y detener el tiempo, también lo es para activar el cambio.**

Más allá de un momento de pausa, los rituales son un espacio de conexión contigo y prácticas que te ayudan a superar un bloqueo en un momento determinado. Hoy, los rituales tienen el poder de transformar a las personas a nivel individual, pero también a organizaciones de todo tipo. Resolviendo retos de manera colectiva, potenciando espacios de intercambio de opinión y la cohesión de equipos y, lo más importante, generando una cultura sólida y alineada con los valores que deseamos cultivar a nivel social y empresarial.

A las nueve de la mañana, mi barrio se colapsa. Hay tantas cuestas como colegios, y existe solo una calle que aligera el tráfico de hora punta, pero, claro, en esa calle también hay una escuela. Empezar el día colapsando augura un mal final. Por eso en esa escuela han utilizado una práctica para neutralizar el problema. El ritual se llama «Kiss and Go», y hasta hay un letrero que emula una señal de tráfico que dibuja la práctica de «besar y marchar» en menos de un minuto y, sobre todo, sin aparcar.

Esta práctica colabora en la neutralización de un reto colectivo: decenas de coches mal aparcados que dificultan el tránsito y potencian el incivismo. Pero, principalmente, genera conciencia de la importancia de que una pequeña práctica bien comunicada puede activar un cambio de emoción, de comportamiento e incluso de creencia.

Si en vez de ver un problema y mirar a otro lado, enfocáramos la energía en crear una práctica para moldearlo, todo iría mejor.

Este es un pequeño ejemplo de cómo una práctica puede tener un impacto enorme para una persona, para un cole o incluso para un barrio. Los rituales pueden ser agentes de transformación cultural y social. Su poder transformador radica en su capacidad para reprogramar comportamientos, construir nuevas narrativas y crear una cultura más resiliente, empática y conectada. Pero, para verlo, tendrás que experimentarlo.

RITUALAB es un laboratorio para experimentar cómo los rituales se convierten en herramientas para transformar desafíos en oportunidades y cultura compartida. Una guía en la que diseccionar cómo los rituales pueden ser creados y usados para enfrentar retos y moldear entornos.

A estas alturas del libro, ya sabes que el catalizador del ritual es la intención. Cuando nos enfocamos en crear prácticas para el cambio con un enfoque más allá de lo personal, el ritual puede tener dos intenciones macro: **moldear un reto colectivo o crear nueva cultura.**

De hecho, la segunda es consecuencia de la primera. Cuando somos capaces de transformar un reto en una práctica para prevenirlo, estamos influenciando en la propia cultura colectiva: ya sea una corporación, una institución o una asociación.

Sabemos que los retos vienen con la vida. Pero, reflexiona: ¿cuáles son los retos que presentan con mayor frecuencia las organizaciones?

Personalmente, los que más escucho están enfocados en vender más (posicionamiento, diferenciación, lealtad) o en gestionar mejor el talento de las personas (la falta de cohesión, la comunicación, la innovación estancada o la necesidad de alinear al equipo con los valores de empresa). Pues bien, los rituales pueden ser diseñados para minimizar o resolver estos retos. Piensa en el ritual de las galletas Oreo; hasta mi hijo sabe cómo se come una oreo y no le he comprado esta bomba de azúcar en la vida. Las prácticas calan y más si tienes recursos para repetirlos en *prime time.*

Cuando un ritual se repite y se vive de forma colectiva, se convierte en una práctica que refleja los valores y creencias del grupo, en una empresa, en una comunidad o en un colectivo más amplio. Tal es el propósito de esta última parte del libro: que tengas una guía para transformar y moldear espacios colectivos para activar el cambio positivo en tu entorno.

A lo largo de los últimos años, he dedicado mi experiencia a diseñar e implementar rituales que transforman a las personas en diferentes contextos. Mi trabajo ha demostrado que, cuando ritualizamos una práctica, esta adquiere un poder transformador que va más allá de por qué fue creada.

Desde diseñar prácticas en instituciones para instaurar la conversación como una herramienta de aprendizaje colaborativo, facilitando el intercambio de conocimiento, perspectivas y apoyo emocional, hasta desarrollar material pedagógico como cartas, canvas y dinámicas, para que las prácticas perduren en el tiempo y se creen nuevas maneras de hacerlas propias. En este apartado te daré varios ejemplos para que puedas aplicarlo en diferentes contextos.

También he impulsado prácticas en productos y servicios para que, aparte de que resulten más atrayentes, la experiencia sea más envolvente y los resultados, más valiosos. Por ejemplo, he colaborado en el diseño de una libreta Moleskine para activar el proceso de *journaling* en modo ritual, creando una narrativa que te impulsa cada día a las 11.11 a encontrar una pausa para ti. Va a ser la primera libreta Moleskine que se comercialice en Oriente Próximo que proceda de un proyecto en femenino, que además pone conciencia en elevar tus momentos.

Liderar formaciones en forma de retiro para crear espacios inmersivos de transformación, instaurando prácticas para fomentar los círculos de crecimiento empresarial, es un patrón que integro a través de esta metodología que comparto contigo, siempre potenciando espacios de cooperación e intercambio.

LOS RITUALES
EN LAS EMPRESAS

RITUALES PARA TRANSFORMAR
EQUIPOS Y ORGANIZACIONES

RITUALES
DE MARCA
PARA POTENCIAR
CONEXIÓN
Y EMOCIÓN

RITUALES
QUE MOLDEAN RETOS
Y GENERAN CULTURA

Creo en estas prácticas porque, aparte de experimentarlas, percibo los cambios que se generan cuando se realizan colectivamente con equipos, familias o amigos, donde la cosa no fluye.

Y lo que no fluye se estanca, y lo que se estanca acaba pudriéndose.

Y es sencillo, aunque a menudo algunas personas no lo ponen fácil, pero el ritual facilita cambios.

Participar no puede ser una obligación, sino una invitación.

He diseñado este apartado para que experimentes, juegues y te des el permiso de diseñar rituales y liderar experiencias intencionales que consolidan cambios positivos, ya sea en tu negocio, en tu barrio o en tu casa.

LAS TRES DIMENSIONES DE RITUALAB

¿Recuerdas que antes te hablaba de rituales supersimples versus simples?

Verás que la fórmula es muy parecida: mientras que los primeros son más intuitivos y generan una influencia e impacto, los segundos, en vez de tres pasos, tienen tres dimensiones: enfoca, enmarca y estructura.

Precisamente porque son más transformadores debemos comprender el bloqueo o la necesidad que queremos abordar, y crear una propuesta *ad hoc* teniendo en cuenta el ecosistema al completo. Por eso necesitamos desmenuzar todo el proceso.

- **Enfoca**: en esta primera fase, nos centramos en identificar oportunidades de mejora para comprender el reto y el contexto que queremos transformar, ya sea individual o colectivo, a través del ritual. Aquí debemos concentrarnos en compren-

der el reto de manera profunda y detallada y el cambio que queremos ver.
- **Enmarca**: en la segunda fase, comprendido el reto que deseamos mejorar o solucionar, nos centraremos en crear el marco para que se dé esa transformación. En este punto necesitamos comprender qué necesita el ritual para que la persona pase de un estado emocional a otro, así como qué elementos nos ayudarán a darle significado y sentido para las personas que forman parte de la práctica.
- **Estructura**: la clave de un buen ritual que transforma y perdura reside en su estructura. De todas las ideas generadas y enmarcadas en la fase anterior, vamos a sintetizar para hacerlo simple y generar inmersión.

He querido hacer esta última parte muy práctica e interactiva. A medida que te familiarices con estas tres fases para desarrollar rituales efectivos, encontrarás formas de optimizarlos y nutrir el impacto en la mente y el corazón tanto de tu audiencia como de ti misma.

¿Empezamos?

ENFOCA

COMPRENDE EL RETO Y LA OPORTUNIDAD
DE CAMBIO QUE PROPONE EL RITUAL.

Enfoca: *comprende el reto y la oportunidad de cambio*

La vida está repleta de momentos que podrían ser fácilmente mejores.

Es decir, prácticas, acciones o interacciones que podrían ser más redondas pero que, al dejarlas de la mano de esta vida héctica que vivimos, pierden intencionalidad, ya sea en el entorno personal, en el familiar o en el profesional. Piensa en aquellas situaciones que generan confusión —o tensión— y que podrían detonar en un conflicto más pronto que tarde.

Para empezar a diseñar un nuevo ritual, el primer paso es detectar una situación problemática existente o un área que no funciona como nos gustaría. Es decir, ¿existe alguna frustración o confusión que experimentas, o experimentan, regularmente en alguna área concreta?

Te invito a reflexionar en varias áreas, como:

- Comunicaciones que no llegan.
- Interacciones que no traccionan.
- Preguntas que se repiten en tu empresa constantemente.
- Estados de ánimo que llevan a la desmotivación.
- Si no detectas nada de manera orgánica, pregunta.

Cada reto que identificas es, en realidad, una oportunidad para crear un ritual. Es una forma profunda y oportuna de darle un giro a la situación y remodelar el modo en que comunicas, trabajas, lideras o incluso interactúas con las personas y sus propios objetivos o expectativas.

¿Cuál es ese reto o la necesidad no satisfecha que estás intentando solucionar?

Enfocar significa identificar oportunidades, debilidades o retos que son puntos de bloqueo. En ellos es esencial comprender el contexto para construir un ritual idóneo para ese reto.

Como te comentaba, en muchas de mis formaciones me cuesta que las personas estén presentes, tanto digital como presencialmente. No te hablo de un auditorio con centenares de almas en el que ves que casi la mitad miran el móvil constantemente. Sino en *workshops* de veinticinco personas donde siento su energía y veo que algunas participantes son incapaces de desconectar del móvil o de su propia carga mental. Es cierto que trabajo para personas que lideran empresas, equipos y clientes, y que, cuando se desconectan de sus empresas, se enciende la culpa. Pero si acuden a mis experiencias sin presencia, se van a llevar poco de ellos.

Este podría ser un reto: recuperar la presencia.

Reuniones sin presencia, conversaciones sin presencia, formaciones sin presencia.

Comprender el reto en profundidad nos ayudará a diseñar una práctica que pueda neutralizar, minimizar o incluso eliminarlo.

En esta primera parte, me agrada focalizarme en la intención y mapear la respuesta emocional o el cambio esperado a través de la práctica, que a veces no es ni rápido ni nítido. Estas preguntas te pueden ayudar a enfocar el ritual:

1. **¿Cuál es la intención del ritual?**
   ¿Cuál es la tuya, como facilitadora y diseñadora del ritual?

2. **¿Cuál es ese reto o necesidad no satisfecha que estás intentando solucionar?**
   ¿Qué emoción incómoda genera?
   ¿Qué comportamiento observas?
   ¿Qué creencia limitante sostiene?

3. **¿Cuál es el cambio que buscas a través del ritual?**
   ¿Qué emoción cómoda quieres hacer sentir?
   ¿Qué comportamiento quieres generar?
   ¿Qué creencia potenciadora quieres instalar?

Con el reto, la intención nítida, la profundidad de la creencia, la emoción y el comportamiento generado, podemos enfocar bien la intención del ritual.

Otras preguntas que pueden ayudarte a enfocar el reto serían:

- ¿Cómo transformar [insertar reto] de una manera nueva?
- ¿Por qué sucede esto?
- ¿A quién le sucede?
- ¿Hay alguien más alrededor? ¿Hay algún dato más relevante?
- ¿Dónde sucede?
- ¿Cuándo sucede?
- ¿Qué consecuencias tiene?
- ¿Tienes alguna pregunta más que no hayas encontrado escrita?

ENMARCA

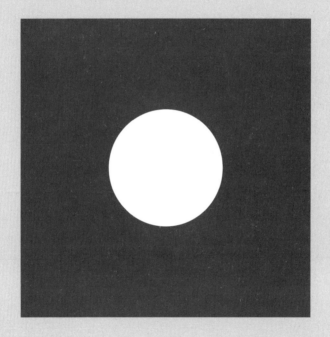

CREA UN MARCO QUE GENERE
CONEXIÓN Y EMOCIÓN.

Enmarca: genera conexión y emoción

Una vez que seamos capaces de mirar más allá del reto y del contexto y la complejidad en la que se crea, nos enfocaremos en construir un marco para aquello que queremos generar con el objetivo de que el ritual sea una actividad que nos lleve a ese nuevo estado emocional deseado con toda su órbita de beneficios.

En esta fase nuestro foco va a estar en la conexión que queremos generar para que se dé la transformación. Porque, recuerda, si la práctica no conecta, no sirve. Y, por tanto, habrá que crear el marco que dará forma y fondo a esa experiencia.

¿Cómo imaginas el ritual? ¿Es individual o colectivo? ¿Habitual u ocasional? ¿Reactivo o transicional? ¿Divertido o profundo? ¿Intelectual o sensorial?

Enmarcar o reenmarcar el problema es una técnica que implica cambiar la manera en que una persona percibe, interpreta o piensa una situación, evento o experiencia. E implica encontrar una nueva perspectiva o enfoque más optimista y saludable para abordar un problema o desafío. Yo siempre digo que un problema tiene como mínimo tres soluciones. De tanto repetirlo, me lo he creído. Mi hijo no tiene ninguna duda de que es así.

Por ejemplo, si nos enfocamos en el reto que te planteaba en la fase de enmarcar, la falta de presencia generalizada, cuando la experimento en primera persona, si me la tomo como algo personal, puedo pensar que es una ofensa. O peor: puedo llegar a la conclusión de que soy una mala comunicadora y a nadie le interesa lo que digo. O peor aún: que soy un fraude.

También puedes llegar a la conclusión de que las reuniones son una pérdida de tiempo absoluto e incluso negarte a reunirte nunca más con nadie. Pero, cuando la semana que viene te convoquen a otra reunión a la que debes asistir, ¿cómo crees que irán tu cuerpo y tu cerebro? La creencia moldea la emoción y tu comportamiento.

Hay una emoción que es perfecta para reenmarcar problemas: la curiosidad. La curiosidad quizá mató al gato, pero resucitó tu liderazgo alquímico porque, cuando sientes interés genuino por algo, el juicio se apaga. De hecho, la curiosidad es una de las emociones más pegajosas. Las personas que preguntan, que se interesan, que escuchan desde esa emoción, son las que más suelen aportar. No puedes estar enfadada y sentir curiosidad genuina al mismo tiempo. Entonces, puedes hacerte buenas preguntas para crear ese marco nuevo:

¿Por qué no hay presencia en las reuniones?

Quizá duran demasiado. Tal vez son demasiado verticales y acaban siendo monólogos. O no están suficientemente preparadas. O hay personas que están de atrezo. O el formato es aburrido (se abusa del Power Point). O quizá quien las lidera no inspira.

¿Por qué no hay presencia en las formaciones?

Quizá duran demasiado. Tal vez son demasiado verticales y acaban siendo monólogos. O no están suficientemente preparadas. O hay personas que están de atrezo. O el formato es aburrido (se abusa del Power Point). O quizá quien las lidera no inspira. (Sí, he hecho un copia y pega; quería ver si estabas atenta 😉).

¿Qué puedo idear para revertir este reto con mi ritual?

Replantear la forma en que se ve un problema es una manera poderosa de crear soluciones innovadoras para problemas desafiantes. Para que un ritual se convierta en una experiencia verdaderamente significativa, es esencial hacer reaccionar a las personas que forman parte de él y generar esa conexión simbólica. Esto no se logra únicamente con acciones repetitivas o intencionales, sino también a través de la creación de un entorno envolvente. ¿Cómo podemos conectar a las personas? ¿Qué tienen en común? ¿Qué elementos simbólicos podemos utilizar?

En la fase Enmarca, la ideación y la exploración son clave. La concepción de rituales de marca efectivos requiere un pensamiento estratégico donde se exploren nuevas formas de expresar, de crear y de conectarnos. Por eso, un ritual requiere de elementos —físicos, digitales o etéreos— para crear esa experiencia de alta profundidad que nos lleve a un mundo emergente que nos ayude a transicionar, y capturando nuestra atención y generando inmersión colectiva. En esta etapa empezamos a dibujar la práctica teniendo en cuenta la intención, pero sobre todo generando conexión y emoción.

Las siguientes preguntas guía te ayudarán en el proceso:

4. **¿Para quién estás creando este ritual?**
5. **¿Cuál es la práctica que propones?** **¿Qué elementos son esenciales para generar esa conexión simbólica (narrativas, elementos tangibles, sentidos)?** Ten en cuenta los valores y la cultura compartida. Y ponle un buen *naming* al ritual, que den ganas de practicarlo y pasarlo.

Otras preguntas que pueden ayudarte a enmarcar tu práctica pueden ser:

- ¿Qué materiales o elementos simbólicos utilizarás?
- ¿Qué sentidos estimula?
- ¿Hay una narrativa o historia simple y significativa?
- ¿Qué valores e ideas promueve?
- ¿Cómo una persona conoce el ritual? ¿Cómo se traspasa o expande?
- ¿Por qué es relevante para la persona y para el grupo?
- ¿Es un ritual simple, significativo y simbólico? ¿Por qué?
- ¿Es reactivo o habitual? ¿Es transicional o especial?
- ¿Hay algún dato más relevante?
- ¿Tienes alguna pregunta más que no hayas encontrado escrita?

ESTRUCTURA

CREA UNA ORDENACIÓN QUE TE PERMITA
POTENCIAR Y PROTEGER LA ATENCIÓN.

Estructura: ordena para potenciar y proteger la atención

¿Qué recuerdas de una película, de un concierto o de un libro?

¡Exacto! Los principios y los finales son clave cuando construimos y mapeamos una experiencia. No es extraño que las buenas experiencias estén diseñadas teniendo en cuenta el impacto emocional que se genera en la apertura y en el cierre.

Gran parte del poder que esconden los rituales se debe a la estructura única que siguen. Ya lo sabes: un ritual es secuencial. Y, como en la vida, los principios y los finales importan.

Si en la fase Enmarca nos centramos en cómo crear un marco que conecte a las personas con la intención y generar un acto simbólico, en esta última parte organizaremos la práctica para preservar y potenciar la atención de las personas.

Seguramente existen muchas aperturas y cierres orgánicos, no programados ni anunciados, y está bien que sea así, que dejemos a la vida hacer su magia. Cuando hablamos de rituales colectivos, grupales y corales, es importante que la estructura sea nítida, para que todas las personas se unan al unísono.

¿Qué implica el inicio del ritual?

¿Qué puede indicar el final?

¿Qué sucede antes, durante y después del ritual?

Cuando hablamos de estructura, me agrada hablar de tres apartados claros: el detonante (inicio) del ritual, el estado liminal (desarrollo) y la respuesta emocional (final). Esta secuencia protege y potencia la atención de las participantes para que pasen de la conexión a la inmersión y entren en el ritual con presencia.

El detonante

El detonante es lo que marca el inicio del ritual. Puede ser físico (encender una vela), temporal (un día a una hora) o una necesidad emocional que te prepara para entrar en ese espacio liminal. Esa acción detona y abre el espacio que estás creando para volver a ti.

Cuando se trata de rituales individuales, el detonante puede ser tan abstracto como etéreo, tú lo decides. Cuando se trata de rituales compartidos, este debe ser nítido y comprensible para todo el grupo. A veces es un *cuándo* (una hora); otras, un *dónde* (un lugar o espacio en el que entras); y otras, una indicación clara. Por ejemplo, la *happy hour* es de siete a diez de la noche; la clase de yoga empieza a tal hora; cuando entras en la sala de espera, te sientas a esperar —e intentar no desesperar—; o cuando empiezas a trabajar o colaborar en un entorno nuevo, esperas que te sumen a bordo con entusiasmo.

¿Cuál es el detonante del ritual? ¿Qué activa la práctica?

El espacio liminal

La liminalidad se entiende como un estado de tránsito, un limbo temporal. Un estado emergente donde nadie puede predecir lo que sucederá. Donde la intención se funde con la conexión y la atención. Y dependiendo de la práctica, nos puede llevar hasta estados de consciencia alterada (me he pegado unos viajes épicos a través de la respiración o de la visualización). En este espacio, experimentamos el desarrollo del ritual en su plenitud como un momento de posibilidades abiertas. Muchas veces el espacio nos ayuda a entrar en este mundo nuevo, muchas otras el mundo lo has creado tú a través de tu propia imaginación.

Cuando estructuramos ordenamos las necesidades y empezamos a definir teniendo en cuenta la práctica: el lugar, las personas participantes, los roles, los acuerdos, la duración, incluso la propia recurrencia y los materiales necesarios.

- Si el ritual es más intelectual, con una práctica que estimula la corteza prefrontal de las personas integrantes y la creatividad, el reto reside en crear una vinculación con el grupo.
- Si el ritual tiene un componente más corporal y somático sensorial, se puede generar con diferentes prácticas como el movimiento, la respiración o la meditación.

Personalmente, creo que la combinación entre lo mental y lo somático es la clave para crear rituales que, además de estimular cerebro y cuerpo, nutren tu esencia. Y donde se despiertan habilidades que acostumbramos a adormecer como la intuición, la imaginación o la propia integración de esta tríada.

¿Qué sucede en ese portal liminal? ¿Cómo puedo intensificar el ritual y hacerlo más inmersivo?

La respuesta emocional

¿Qué marca el final del ritual? El cierre de una práctica lo decides tú: en ocasiones, es temporal y, en otras, lo que marca ese final es un estado emocional o la participación completa de todos los miembros.

A mí me agrada utilizar mucho los sentidos para crear espacios de entrada y de salida porque, aparte de ser nítidos, son temporales y emocionales. Por ejemplo, suelo utilizar una canción para realizar un ritual de reseteo o para crear una práctica con principio y final nítido.

Cuando la intención y la respuesta emocional se encuentran, marcan el final: la práctica ha llegado a su propio significado. Aquí es donde las emociones que experimentamos se vuelven especialmente significativas. Estas emociones pueden guiar nuestras acciones y reflexiones posteriores. La gratitud es una de las emociones más poderosas para honrar ese cierre. Siempre hay ideas, personas y aprendizajes por los que sentirte agradecida.

¿Cómo sabrás que se ha acabado el ritual? ¿Cuál es la respuesta emocional que marca el final del ritual?

La iteración

Y por último, el apartado más sencillo. Un ritual es una experiencia significativa en espiral que itera y evoluciona contigo. Por tanto, debes especificar:

¿Cuándo se repite el ritual?

Para finalizar, volvemos al reto de las reuniones sin presencia. Imagina que esas formaciones sin presencia se ritualizan.

¿Cómo?

- Imagina que esas reuniones sin presencia de repaso semanal empiezan con una pregunta inspiradora y acaban con una ronda de compromisos.
- Imagina que se propone rotación de liderazgo para que nuevas voces y estilos emerjan, a la vez que aprenden.
- Imagina que establecemos un ritual simple y significativo para la evaluación de proyectos para todas las personas del equipo, porque ellas la habrán cocreado, a través de una ronda de tres minutos por persona. Las preguntas podrían ser: ¿qué nos hizo brillar?; ¿qué nos hizo crecer?; una vez finalizado el proyecto, ¿qué queremos llevar con nosotras? Tienes este ritual en «Feedback que alimenta».
- Imagina. (añade cualquier ritual de tribu).

Ordenación para potenciar y proteger la atención de las personas:

6. Inicio. ¿Cuál es el detonante del ritual? ¿Qué lo activa?
7. Desarrollo. ¿Cuál es el espacio liminal? ¿Qué sucede en ese universo alternativo? Define: roles de las personas, tiempo, lugar, elementos simbólicos, materiales para que el desarrollo sea claro y fluido. ¿Qué sucede en ese portal?
8. Final. ¿Qué marca el final del ritual? ¿Cuál es la respuesta emocional?
9. Itera. ¿Cuándo se repite la práctica?

EJEMPLOS DE RITUALES EN LAS EMPRESAS

Creando nueva cultura: ritual de crecimiento empresarial Biz a Biz

Siempre he defendido y practicado el emprendimiento en red, no cualquiera, una buena red. Tú sabes que cuando tejes un buen equipo, este sostiene e impulsa. Eso es crear y creer en la red.

Cuando EXTRAORDINARIA empezó a crecer, necesitábamos seguir generando espacios de crecimiento empresarial que se autogestionaran y que fueran auténticos, humanos y circulares, sin dinámicas de poder verticalizadas.

Este ritual fue cocreado por mí y por Catalina Dash, psicóloga, terapeuta, experta en liderazgo femenino y amiga del alma. Ella y yo ideamos un ritual que potenciaba la creación de un espacio seguro para conversar y compartir una vez al mes en grupos pequeños.

Inspiradas por la ciclicidad y las fases lunares, creamos, simbólica e intencionalmente, una práctica que incluía cuatro preguntas para acompañarte cada mes. Con el propósito de celebrar tu crecimiento de manera coral, planteamos algunas premisas esenciales para fomentar una nueva cultura sobre el éxito empresarial.

La intención del ritual era aportar una metodología probada para que las mujeres, independientemente de su ubicación, estado empresarial y recursos, se sintieran sostenidas, comprendidas y pudieran tener un espacio para hablar de sus negocios con personas que hablen el mismo lenguaje, aunque a veces no el mismo idioma.

Lanzamos esta dinámica en 2018, pero hacía años que la practicábamos de modo intuitivo. Cuando leí en *Forbes* que «El 80 por ciento de los líderes empresariales exitosos consideran que la creación de comunidades y redes de apoyo es crucial para el crecimiento sostenible de su negocio»,* exclamé un «j*der Gemma, puedes confiar un poco más en tu instinto».

A través de una narrativa simple y significativa, y creando una estructura nítida con un enfoque para que el grupo se sintiera seguro. El detonante era claro: el último jueves del mes por la tarde. ¿Por qué ser tan rígida? Se nos da mejor encontrar excusas que soluciones, por eso invitamos a las personas a que se unieran de forma periódica.

Esta práctica impactó en emprendedoras de todo el mundo y dejó una cultura del emprendimiento más femenina y consciente. Y no es para nada mérito nuestro, sino de cómo las participantes los hicieron suyos con la práctica.

* Paulina Karpis, «Why Building Community Is Critical for Your Success», *Forbes*, marzo de 2019.

RITUAL: BIZ A BIZ		
ENFOCA	**ENMARCA**	**ESTRUCTURA**
INTENCIÓN Crear espacios seguros de crecimiento empresarial autogestionados. Fomentar una cultura de éxito empresarial más humana y circular. **RETO** Emociones: soledad, inseguridad en el camino emprendedor. Comportamiento: aislamiento, falta de espacios de apoyo genuino. Creencia: el éxito empresarial es solitario y competitivo. **CAMBIO** Emociones: seguridad, pertenencia, comprensión. Comportamiento: compartir, crecer en red, apoyarse mutuamente. Creencia: el éxito es colaborativo y sostenible en comunidad.	**CONEXIÓN Y SIMBOLOGÍA** Mujeres emprendedoras. Grupos pequeños (3-5 personas). Simbología: luna, ciclicidad, feminidad. **PRÁCTICA/*NAMING*** «Biz a Biz»: encuentros mensuales estructurados. Cuatro preguntas alineadas con ciclos lunares. Plantilla lunar: metodología simple y replicable.	**DETONANTE** Último jueves del mes por la tarde. Compromiso fijo y regular. **ESPACIO LIMINAL** Conversación estructurada a través de cuatro preguntas. Espacio seguro y confidencial. Una líder, que rota circularmente. **FINAL** Compromisos compartidos. Celebración de logros. **ITERACIÓN** Mensual. Sostenido en el tiempo desde 2018.

Mira qué dicen de este ritual:

Nu ideas creativa *nuideas.es*	Para mí lo más importante que tiene Biz a Biz es que es una manera de hacer *mastermind* que contempla las emociones y el estado de ánimo de sus participantes. Y esto es lo que rompe con el esquema más masculino de los negocios, con el que se originó, y da espacio a nuestra propia realidad (cíclica).
Con V de Vero cocinera *convdevero.com*	EXTRAORDINARIA se halla en el comienzo de que ahora mi negocio sea un éxito. Así es que te mando un gracias enorme y un beso más grande.
Vanesa Cantero economista *lideratunegocio.es*	Nuestro grupo Biz a Biz no solo es un ritual que hemos mantenido, sino que nuestra amistad lo ha transformado en viajes y otras iniciativas juntas. Nosotras le cambiamos el nombre: Vin a Vin, porque, con un vino, es más distendido.
Àngels Martí psicóloga *angelsmarti.com*	Nos reunimos cinco terapeutas y una economista. Es un ritual de escucha, sostén y conexión emocional de diez.
Joanna Noguera fotógrafa *joannanoguera fotografia.com*	Biz a Biz fue un refugio en uno de los momentos más difíciles, sobre todo durante el confinamiento en España. Me ayudó a conectar con mi ciclicidad, a registrarme usando las fases de la luna que no las había empleado mucho y a descubrir la importancia de celebrar, incluso en medio de la adversidad. Pero lo más transformador fue aprender a acompañar a otras personas y reconocerme en ese rol, validando mi capacidad para sostener y guiar. Fue una experiencia que dejó una huella profunda, en mi corazón.
Rebeca Hazelnut diseñadora	Todavía aplico el dar feedback solo si la persona lo pide, o lo pregunto, en todo caso.

Moldeando un reto: salas de esperanza

He visitado las urgencias infantiles más veces de las que me gustaría. En cualquier hospital la espera desespera. Y demasiadas veces los móviles toman el control y el protagonismo, tanto en personas adultas como en pequeñas. He visto bebés con un dominio mayor que el mío, y no es ninguna exageración. Los espacios pueden ser generadores de bienestar con ciertos colores, papeles y cuentos, aunque, a menudo, ni siquiera tienen muebles del tamaño de sus huéspedes.

En un momento de desesperación, en una sala de espera de urgencias con mi hijo, se me ocurrió lo útil que sería que las paredes estuvieran decoradas con patrones de respiración para la relajación. No fue casual, esa idea me atravesó porque estaba trabajando en promocionar un proyecto editorial infantil para el bienestar emocional de pequeños de cero a siete años con dos profesionales que son como si fueran amigas íntimas de otra vida.

Imaginé las ilustraciones con la respiración del león, que exhala ruidosamente; la del colibrí, que sopla creando un hilo constante que sale de su pico, o la de la tortuga, que inhala y exhala leeentamente (el 478 en versión infantil). Cuando compartí este ritual con la autora, se emocionó tanto que, en dos semanas, ya tenía una propuesta para uno de los hospitales más emblemáticos de Barcelona y estamos creando estas prácticas para transformar las salas de espera en salas de esperanza a través de la respiración consciente para pequeños y pequeñas.

Este ritual no solamente mejorará el clima de una sala de espera, sino que las personas entrarán a consulta más relajadas, conscientes y conectadas con ellas. Todo ello, promoviendo la cultura y valores que un hospital o centro de salud deben liderar: buenos hábitos y buenos rituales.

RITUAL: SALAS DE ESPERANZA		
ENFOCA	**ENMARCA**	**ESTRUCTURA**
INTENCIÓN Transformar salas de espera hospitalarias en espacios de bienestar y limitar el móvil. Cambiar la ansiedad y desesperación por momentos de bienestar y conexión familiar. **RETO** Emociones: ansiedad, desesperación, desconexión. Comportamiento: uso excesivo de móviles, desconexión familiar. Creencia: las salas de espera son desesperantes. **CAMBIO** Emociones: calma, esperanza, conexión. Comportamiento: práctica de respiración consciente, presencia. Creencia: los espacios hospitalarios son generadores de bienestar.	**CONEXIÓN Y SIMBOLOGÍA** Familias en salas de espera hospitalarias. Especial enfoque en niños de 0-7 años. Conexión a través del juego, la respiración y de ilustraciones decorativas infantiles. **PRÁCTICA/*NAMING*** «Salas de esperanza». Patrones de respiración ilustrados (león, colibrí, tortuga). Integración de arte y bienestar.	**DETONANTE** Entrada a la sala de espera. Visualización de ilustraciones infantiles. **ESPACIO LIMINAL** Guías visuales de respiración. Audioguías complementarias. Experiencia inmersiva y lúdica. **FINAL** Entradas a consulta más relajadas y conscientes. Mejor experiencia hospitalaria. **ITERACIÓN** Continua durante el tiempo de espera. Reproducible en diferentes centros de salud.

Cartas para fomentar la conversación como herramienta para la transformación

Las conversaciones como semillas para el cambio. Este ritual incluye un material clave: las cartas de conversación. Su objetivo es promover la escucha y la propia argumentación como una herramienta de aprendizaje colaborativo, facilitando el intercambio de conocimiento, perspectivas y apoyo emocional.

Los rituales son tecnología ancestral en clave contemporánea. Son prácticas que, cuando se diseñan con intención y propósito, tienen el poder de transformar productos en experiencias, grupos en comunidades y espacios en lugares de transformación. En este caso hemos diseñado unas preguntas que fomentan las conversaciones enfocadas en despertar o fortalecer la mentalidad empresarial. De la mano de una entidad con la que somos equipo seguramente de tanto conversar. El nombre de la práctica es Haziak, «semillas» en euskera, y forma parte de KABIA, la comunidad de personas emprendedoras del ámbito rural y litoral o de la cadena de valor alimentaria y forestal que tiene la misión de acompañar, crear, crecer y consolidar los proyectos y a las personas a través de la cooperación e impulsado por HAZI Fundazioa.

Esta herramienta ha sido cocreada a través de un proceso que ha juntado a decenas de técnicos y técnicas de emprendimiento de diversas especializaciones junto a las asociaciones de desarrollo rural y los centros de gestión de todo Euskadi. Hemos unido esfuerzos, conocimientos y experiencias para ofrecer una herramienta que no solo inspira, sino que nos lleva a la acción practicando la escucha activa, la empatía, la toma de decisiones o la creatividad. Poniendo a las personas en el centro.

RITUAL: CARTAS QUE CULTIVAN LA CONVERSACIÓN		
ENFOCA	ENMARCA	ESTRUCTURA
INTENCIÓN Desarrollar mentalidad empresarial en entornos rurales. Fortalecer el tejido emprendedor local a través del diálogo y generar pertenencia y cooperación. Este ritual transforma desafíos en oportunidades de crecimiento colectivo, sembrando una mentalidad empresarial resiliente y adaptativa. **RETO** Emociones: aislamiento en entorno rural, incertidumbre. Comportamiento: falta de espacios autogestionados de apoyo. Creencia: limitaciones del emprendimiento rural. **CAMBIO** Emociones: confianza, resiliencia, pertenencia. Comportamiento: compartir para crecer. Creencia: el entorno rural como oportunidad de innovación.	**CONEXIÓN Y SIMBOLOGÍA** Emprendedores rurales, litorales y sector alimentario/forestal. Grupos locales. Conexión a través de realidades compartidas. **PRÁCTICA/*NAMING*** «Haziak» («semillas», en euskera). Semillas de mentalidad empresarial. Cartas de conversación duales: reflexión y acción. Herramienta que vehicula los círculos mensuales de crecimiento.	**DETONANTE** Encuentro mensual. Selección de cartas de conversación. Liderazgo rotativo. **ESPACIO LIMINAL** Diálogo estructurado. Alternancia entre reflexión y acción. Aprendizaje colaborativo. **FINAL** Compromisos de acción. Aprendizajes colectivos. **ITERACIÓN** Mensual. En espacios inspiradores.

Rituales de bienvenida a bordo (físico o digital)

En los últimos años las reuniones y formaciones digitales nos han sobrepasado eliminando los momentos de transición. Es decir, saltas del País Vasco a Jordania en un clic, literal.

Necesitamos proteger las transiciones con mimo. Imagina que, antes de realizar una formación, realizas un ritual para entrar en el curso con presencia.

Por ejemplo, en uno de mis programas formativos narro el ritual que puede hacerse antes de empezar a consumir el contenido:

- Ordena el espacio en el que estás: el orden facilita el foco.
- Prepárate una bebida rica o utiliza un aroma para estimular tus sentidos.
- Enciende el mifi, el ancho de banda contigo, con una pregunta: ¿cómo estás (de verdad)?

Ya puedes empezar.

Piensa en un momento de *onboarding*: digital, físico o de incorporación o bienvenida de una persona en una corporación. Esos momentos tienen un impacto muy relevante en ellas.

RITUAL: BIENVENIDA A BORDO (*ONBOARDING*)		
ENFOCA	**ENMARCA**	**ESTRUCTURA**
INTENCIÓN Crear transiciones conscientes en entornos digitales. Facilitar una conexión real en espacios virtuales. Este ritual transforma las transiciones digitales de momentos automáticos a experiencias conscientes y significativas. **RETO** Emociones: dispersión, desconexión, automatismo. Comportamiento: saltar de tarea en tarea sin presencia. Creencia: lo digital no requiere preparación consciente. **CAMBIO** Emociones: presencia, foco, conexión. Comportamiento: preparación consciente del espacio y mente. Creencia: las transiciones digitales merecen ritual y cuidado.	**CONEXIÓN Y SIMBOLOGÍA** Participantes de formaciones online (¿replicable en otros contextos?). **PRÁCTICA/*NAMING*** «Bienvenida a bordo». Ritual de tres pasos: Orden + Sentidos + Conexión. Simple pero significativo. Prepara una práctica que recoja un momento de transición para que entren con presencia y que incluya claridad y conexión sensorial.	**DETONANTE** Antes de iniciar una sesión digital. **ESPACIO LIMINAL** Práctica (vídeo de un minuto). Ordenar el espacio físico. Activar los sentidos (bebida/aroma). *Check-in* emocional. **FINAL** Estado de presencia y conexión. Preparación completa para iniciar. **ITERACIÓN** Antes de cada sesión importante. En cada nuevo inicio o transición.

Cuanto más practiques los rituales, más te darás cuenta de cómo evolucionar y adaptar estos espacios para generar un impacto más profundo y valioso en las personas.

Los rituales más poderosos son aquellos que han madurado a través de la práctica consciente y la evolución natural.

Te invito a que abras esta nueva puerta en la que te atrevas a liderar rituales colectivos: espacios seguros de transformación humana.

Que empiece tu siembra.

LA PROFUNDIDAD DEL IMPACTO

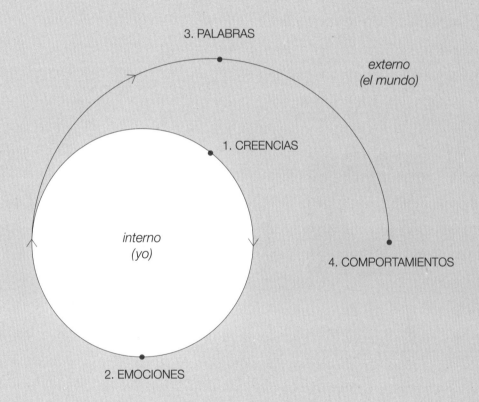

ENFOCA

Comprende el reto y la oportunidad de cambio.

1

¿Cuál es la **intención** del ritual?

EMMARCA

Genera conexión y emoción a través de la simbología.

4

¿Para **quién** estás creando este ritual?

ESTRUCTURA

Ordena para potenciar y proteger la atención.

6

INICIO: ¿Cuál es el **detonante** de tu ritual? ¿Qué lo activa?

¿Cuál es ese **reto**
o necesidad no satisfecha que
estás intentando solucionar?

¿Qué emoción incómoda genera?
¿Qué comportamiento observas?
¿Qué creencia limitante sostiene?

¿Cuál es el **CAMBIO**
que buscas a través del ritual?

¿Qué emoción cómoda quieres hacer sentir?
¿Qué comportamiento quieres generar?
¿Qué creencia potenciadora quieres instalar?

¿Cuál es la **práctica** que propones? ¿Qué elementos son clave para generar esa **conexión simbólica** (*narrativas, elementos tangibles, sentidos*)? Ten en cuenta los valores y la cultura compartida. Ponle un buen *naming* al ritual, que den ganas de practicarlo y pasarlo.

DESARROLLO:
¿Cuál es el **espacio liminal**,
qué sucede en ese universo
alternativo? Define: roles
de las personas, tiempo,
lugar, elementos simbólicos,
materiales para que
el desarrollo sea claro y fluido.
¿Qué **sucede** en ese portal?

FINAL: ¿Qué marca el **final** del ritual?
¿Cuál es la **respuesta emocional**?

ITERA:
¿Cuándo se repite la práctica?

EL RITUAL
NO ES
SOLAMENTE
UNA PRÁCTICA
PARA ACTIVAR
LA CONCIENCIA,
SINO PARA
CATALIZAR
el cambio.

08

MANIFIESTO DE UNA REBELDE CON *pausa*

En este capítulo me han acompañado...
APRENDER A AMAR | NATHY PELUSO
ALOHA | CARLOS SADNESS Y BOMBA ESTÉREO
CELEBRAR | JUDIT NEDDERMAN

Nunca sé cómo acabará un libro; de hecho, esta es la gracia de escribirlo. Abrirse y confiar en que, cuando lo acabes, te habrá moldeado.

En octubre de 2023, en Marrakech, entre mujeres sabias, ceremoniales y conversaciones y conversaciones, tuve la intuición de que ese retiro sobre rituales de marca iba a ser algo más, quizá un libro. Era el último día, cerrábamos ese viaje con una velada en medio del desierto. Esa tarde, sin planificarlo, cocreamos un ritual tras otro. Oráculos, bailes, conversaciones, magia, risas, y escribimos nuestras propias historias y deseos en la que titulamos «La noche de Sherezade». No cabía ni una estrella más en ese cielo. Vestidas de blanco, nos quedamos hasta la oscura madrugada cocreando soluciones colectivas a nuestros retos personales. Sin wifi —aunque con el mifi a tope—, comprobamos que no hay mejor cura que quedarte sin cobertura.

Un ritual es una experiencia intencional y simbólica que te conecta a ti. Una práctica que puede ayudarte a calibrarte emocional y energéticamente, a potenciarte y a catalizar transformaciones profundas sobre cómo nos vinculamos con las personas, ya sea en familia, en una empresa o en comunidad.

Vivimos una época de replanteamiento donde volver a lo esencial se ha convertido en un acto de rebelión, y los rituales, en el refugio de un mundo saturado de tecnología, productividad y artificialidad que lejos de unirnos a las personas nos ha polarizado y distanciado.

Nuestra monocultura tiende a ver el ritual como algo religioso cuando, en realidad, es algo que nos conecta con nuestra propia espiritualidad. En vez de indicarnos que pensemos en algo con lo que no estamos de acuerdo, nos empuja a encontrar lo que tiene sentido para nosotras individual y colectivamente. Es una práctica que te acerca a ti, a quién eres, en qué crees y dónde pones tu energía para cuidar, crear, crecer…, lo que necesites en ese momento vital. Por eso el ritual es un acelerador de significado y sentido. Te empuja a estar cerca de ti, siempre.

Si los hábitos te hacen eficiente, los rituales te hacen consciente.

Si los hábitos te ayudan a hacer, los rituales te ayudan a ser.

Los rituales nos ayudan a transformar lo ordinario en extraordinario.

La brecha entre dónde estás hoy y dónde quieres estar mañana está en tus rituales. Porque cada práctica que incorporas es un compromiso contigo misma, una forma de recordarte que tienes el poder de diseñar tu camino y dar cada paso con propósito. Transformando intención en acción, deseo en realidad, y sueños en proyectos tangibles.

Ser una rebelde con pausa implica tomar el control de tu tiempo, energía y atención, y vivir no en busca del equilibrio, sino con el propósito de saber crearlo. En un mundo que corre a toda velocidad, tú decides detenerte, respirar y hacer de cada momento una oportunidad para conectar contigo y con lo que realmente importa.

Ya sea a través de pequeños actos conscientes diarios, de tener ese sillón o esa tumbona para pensar, de haberte creado una bolsa llena de cargadores para que en cualquier momento sepas volver a ti y apagar el mundo…, ese pequeño gesto es todo un acto de rebelión contra un patrón económico y social que se beneficia de nuestra propia desconexión personal y emocional, y que nos empuja a la inconsciencia a través del consumo o de la evasión constante.

Es el momento de introducir los rituales en tu día a día. No necesitas grandes ceremonias ni momentos especiales: la magia comienza en los pequeños gestos conscientes que eliges crear para proteger tu foco, tu creatividad, tu visión o incluso tu paz mental. Y también tejiendo momentos significativos en tribu que conecten, inspiren e impulsen nuevos retos. Los rituales colectivos son ese lenguaje silencioso que construye pertenencia, que celebra los logros y abraza aprendizajes. Son espacios sagrados donde cada voz encuentra su lugar, el propósito común se fortalece y la magia colectiva florece.

Este es un manifiesto para encontrar el camino de vuelta, cuando haya interferencias.

1. **Eres un milagro: empieza y termina cada día con gratitud.** Reconoce el regalo de estar viva cada mañana y cada noche. No des por sentado que mañana será otro día, vívelo hoy con sentido.

2. **Vive y crea tu vida como si esta fuera arte.** Eres una artista —seas abogada o pescadera—, una aprendiz en el arte de ser tú. Por eso, estar cerca de tu imaginación e intuición te impulsa a ser más auténtica a nivel profesional y personal. Una vida creativa es una vida llena de sentido. Así que desarrolla rutinas y rituales que estimulen tu mente y nuevas formas de autoexpresión.

3. **Controla tu tecnología, y que no sea al revés.** Nos quejamos constantemente de los retos de una vida hiperconectada, pero nos olvidamos de que siempre hemos tenido el control a un clic. Establece límites sanos en el uso que haces de la tecnología. Crea espacios offline, desactiva notificaciones y date permiso para desconectar del ruido digital, recuperando tu atención, tiempo y energía.

4. **Siempre estás a un ritual de sentirte mejor.** Un simple ritual puede cambiar tu estado emocional. Crea esa bolsa repleta de cargadores para cuando te sientas bloqueada o insegura, y recurre a una práctica que te conecte contigo misma y te

permita, desde un espacio más sereno, consciente, tomar una decisión, sembrar una visión o enfocar una conversación. Cuando te sientes bien, contribuyes mejor.

5. **No busques el equilibrio, no lo encontrarás; en cambio, créalo.** Utiliza los rituales para autorregularte emocionalmente. Los rituales son una herramienta poderosa para gestionar tus emociones y para activar la mentalidad posibilista que necesitas en ese momento. Te ayudan a crear armonía, regular el estrés y cuidar de lo más valioso que tienes: tu energía.

6. **Cuando pierdas la cabeza, encuéntrate en el cuerpo. Cuando te pierdas en el cuerpo, encuéntrate en tu propósito.** La integración implica ser consciente de que no solo lo que se ve es importante y crea un puente entre tu mundo interior y el exterior, el personal y el profesional, y hasta tu momento vital. Esta visión holística te ayudará a comprender que necesitas cuidar tu mente, mimar tu cuerpo y nutrir tu esencia para estar y sentirte bien, y que todas son igual de importantes. Si una de estas tres no está equilibrada, tú tampoco lo estarás.

7. **Lo que no está en tus manos no puede estar en tu cabeza.** No te enfoques en lo que no puedes controlar. Deja de desperdiciar energía en lo que está fuera de tu alcance y concentra tu atención en lo que sí puedes transformar. Utiliza tu poder interno para crear soluciones y cambios desde lo que sí está bajo tu control, sea en familia, en la empresa o hasta en el AFA del cole.

8. **Gestiona tu energía, no tu tiempo.** No regales tu energía más valiosa a quien no la valora. Di «no» más a menudo con tanta amabilidad y amor que no duela en nadie. Lidera tu energía con soberanía, esta te permite crear, innovar y alcanzar tus objetivos. Cuando la inviertes en personas o proyectos que no reconocen su valor, no solo desperdicias ese recurso, sino que limitas tu potencial de crecimiento. Siente dónde quieres estar y dónde no.

9. **Sé una catalizadora de cambio e impacto positivo más allá de ti misma.** Los rituales son más que herramientas personales; son catalizadores de transformación en tu entorno. A través de ellos, moldeas cultura y generas un impacto positivo en tu entorno, liderando el cambio desde dentro hacia fuera.

10. **Apaga el wifi y enciende tu mifi.** Para desconectarte de lo superfluo y vivir sin interferencias, siempre conectada a ti. Cuando te sientas luminosa, pero especialmente cuando te halles en un momento oscuro, con poca visión y te toque sostener una cruda aunque necesaria hibernación. Programa momentos en tu día para desconectarte completamente y para conectar contigo misma. En este espacio de quietud y reflexión, tu creatividad florecerá y tu energía se renovará.

Es aquí, en este espacio entre los espacios, donde los rituales revelan su verdadero poder: la capacidad de transformar lo cotidiano en sagrado, lo rutinario en ceremonial, lo ordinario en extraordinario.

No es hacer más o mejor; es hacer con presencia, con intención, con reverencia por el momento presente.

La magia siempre ha estado en ti. Este libro solo te recuerda que tienes permiso para usarla.

Que el final de este libro sea el inicio de una vida conectada a ti, sin interferencias.

Gemma

RITUALES
HABITUALES

personales

ANUAL

TRIMESTRAL

MENSUAL

SEMANAL

DIARIO

profesionales

ORGANIZA LOS RITUALES
QUE VAN A POTENCIAR TU MOMENTO VITAL

LOS RITUALES
NOS INVITAN
A CREAR
NUESTRA VIDA
COMO SI ESTA
fuese arte.

MATERIAL ADICIONAL

Para transformar productos y servicios en experiencias memorables, solo necesitamos enriquecerlos a través de una visión vívida, despertando los sentidos y adentrándonos en un viaje creativo compartido. Este libro ha sido diseñado precisamente con esa intención: ser más que palabras en papel.

En estas páginas encontrarás un ecosistema sensorial completo:

- Una cuidadosa selección musical que ha inspirado cada capítulo, creando una banda sonora que complementa y amplifica las ideas presentadas.
- Preguntas efervescentes que te invitan a ir más allá de lo evidente, diseñadas para estimular tu pensamiento crítico y despertar *insights* inesperados. No son simples ejercicios de reflexión, sino catalizadores de nuevas perspectivas.
- Canvas para organizar y diseñar tu amalgama de rituales y que te permitirá conectar con el contenido desde diferentes capas de significado.

Si quieres descargarte material adicional que he creado especialmente para elevar tus habilidades a la hora de crear tus propios rituales o liderar rituales colectivos, captura el siguiente QR. Aunque... ¿me permites una sugerencia? Te recomiendo que te sumerjas primero en el libro completo antes de explorar estos recursos extras. ¿Podrás resistir la tentación? 😉

AGRADECIDA Y EMOCIONADA

Aunque la escritura es, en esencia, una actividad solitaria, me he sentido muy bien acompañada y sostenida en la creación de este libro. Y es que es en la intersección entre mis pensamientos más profundos, mis emociones más sinceras y las interacciones con otras personas donde mi catarsis creativa ha tomado forma.

Cada conversación, cada proyecto y cada momento compartidos con aquellas personas que me rodean ha contribuido a regar esta obra. Sus voces resuenan entre líneas, sus perspectivas enriquecen cada página, y su presencia ha sido el ancla que me ha mantenido firme durante el proceso de creación.

Así que si este año nos hemos cruzado: gracias. Aunque escribir sea un acto individual, crear es siempre un acto colectivo.

Gracias a Penguin Random House, por la valentía y la oportunidad de dar vida a este libro que mezcla rituales, empresa y liderazgo. Y en particular a Alba Adell, mi editora, por hacerlo tan fácil y fluido y por su sensibilidad en todas sus inteligentes aportaciones.

A las mujeres que se unieron a la aventura MarrakeX, porque ese retiro fue la semilla de este libro. Así que va dedicado a ellas —Àngels, Eider, Elia, Gina, Joanna, Inma, Marina, Pat, Raquel, Tania— y a toda la magia (y los rituales) que hicimos juntas.

Al maravilloso equipo de comunicación de Alquimia y, en especial, a Nadia Morales, por adentrarme con tanto amor en el mundo de los aceites y la aromaterapia. Recuerda que el olfato es el sentido que une el cerebro y el corazón.

A mi equipo por enseñarme tanto. Soy una nómada laboral, tengo la inmensa suerte de colarme año tras año en empresas diversas e instituciones cambiantes junto a personas de una calidad humana de otro planeta.

A Noor Bint Asem y a Cristina Saraldi, por dejarme imaginar y formar parte de un futuro más *kids friendly*.

Al equipo Kabia, Miguel, Leti y Leire y a la comunidad de emprendimiento de Euskadi por ser el mejor ejemplo de crear rituales en comunidad y con consciencia local.

Sobre todo a Clara Buschiazzo, por ser mi tándem artístico y a Marina Santacana por ser casa.

A Oasis, mi grupo de crecimiento empresarial vital en la actualidad: Naylah, Laura, Elva y Montse, por ser calma en medio de la jungla.

A mis amigas de la A a la Z, mis rebeldes con pausa preferidas, ya sabéis quiénes sois. Las únicas que entendéis que si suena un temazo vamos a darlo todo en la pista de baile y luego seguiremos sin problema con esa conversación.

A mi familia, con la que atravieso la dureza y la alegría de la vida: Agustí, Carme, Jordi, Caterina y Miquel. Y a mi motor vital: David y Jan, porque la vida con vosotros es magia.

Y gracias a ti por apagar el wifi y encender tu mifi.

Puedes compartir tus dudas o aprendizajes conmigo en Instagram, mi red social más activa en este momento: @gemmafillol.

Si sientes que este libro te ha aportado algo y me dejas una reseña en Amazon, me harás muy feliz. Detrás de un proyecto así hay un trabajazo, y tus palabras pueden tener un impacto inmenso.

«Para viajar lejos no hay mejor nave que un libro».
EMILY DICKINSON

Gracias por tu lectura de este libro.

En **penguinlibros.club** encontrarás las mejores recomendaciones de lectura.

Únete a nuestra comunidad y viaja con nosotros.

penguinlibros.club